¡Ssssssshhhhhhhhhhh!

Haz del teatro algo íntimo

Llévalo siempre en el bolsillo

por las modificaciones que sufre el cuerpo —instrumento de trabajo de la actriz— y los continuos viajes necesarios para las giras.

La maternidad es el tema que recorre *La eterna enamorada* en los tres planos de representación, en los que el deseo y la dificultad de ser madre se confronta con el aborto voluntario o involuntario. Interpreté en esta obra el personaje de Isabella y, mientras ella moría arrastrada por un aborto, interpretada por una Isabel que se cuestionaba si deseaba seguir o no con su incipiente embarazo, comenzaba dentro de mí la vida de Jorge, mi segundo hijo.

Personajes

Del siglo XX	Del siglo XVII	Commedia dell'Arte
ISABEL	ISABELLA ANDREINI	ENAMORADA ISABELLA / ZANNA
LUIS	FRANCESCO ANDREINI	CAPITANO SPAVENTO
ANTONIO	GIAMBATTISTA ANDREINI	ENAMORADO LELIO
ALONSO	GIULIO / DOCTOR	PANTALONE
JUANÓN	SIMONE DA BOLOGNA / DUQUE	ZANNI / DOTTORE

NOTA:
Cada uno de los cinco actores que interviene en esta obra interpreta a uno del siglo XX, que interpreta a otro actor del siglo XVII y al personaje que cada actor de la compañía *I Gelosi* interpretó realmente en su vida.

Excepcionalmente, el actor que representa a JUANÓN encarna también a un personaje ficticio del XVII, el DUQUE y en la *Commedia dell'Arte* adopta no solo la máscara que representaba el actor SIMONE DA BOLOGNA, que era un ZANNI, sino también el DOTTORE, que lo representaba habitualmente Lodovico da Bologna. Y el actor que representa a ALONSO en el siglo XX también interpreta dos personajes del siglo XVII.

Acto I
Escena I: Agonía de Isabella
Giambattista Andreini, Simone, Isabella Andreini y
Luis —al final—.

> *En el escenario vacío e iluminado por una*
> *luna llena que juega al escondite con las nu-*
> *bes pasajeras, entra la carreta de la compa-*
> *ñía I Gelosi. Lecho con ruedas, donde yace*
> Isabella Andreini, *tirado a duras penas por*
> Simone da Bologna *y por* Giambattista
> Andreini[3]. Simone *camina perezosamente,*
> *casi dormido, incluso se le escapa algún ron-*
> *quido. Los tres actores visten trajes de época.*

Giambattista   Amor es vida del mundo y de los vivos guar-
                 dián. Él conserva y rige todas las cosas hu-
                 manas, su celeste faz todo lo aviva. Quien
                 le huye, huye de sí la más preciada y noble
                 parte.

---

[3] Muy probablemente, Giambattista no viajaba con sus padres cuando falleció Isabella puesto que pocos años antes había fundado su
propia compañía I Fedeli, junto a su mujer, Virginia Ramponi. Sin
embargo, me permito este anacronismo para resaltar el hecho de
que el primogénito del matrimonio formado por Isabella y Francesco comenzara su andadura como profesional del teatro en la
compañía I Gelosi.

ISABELLA A.   Agua, dame agua, para apagar este fuego
               que me consume las entrañas.

               (*Paran la carreta.* GIAMBATTISTA *se acerca a
               su madre y* SIMONE *aprovecha para acurru-
               carse en el suelo e intentar dormir.*)

GIAMBATTISTA   ¡Ay! Simone, despierta, que Isabella se en-
               cuentra muy mal.

SIMONE   Que la atienda su marido, que para eso la
               disfruta.

GIAMBATTISTA   Medio cielo ha recorrido ya la luna en su
               camino desde que salió mi padre en busca
               de un doctor. (*Destapa y pone boca abajo
               una cantimplora.*) Ni una gota.

SIMONE   (*Destapa y pone boca abajo una bota de vino.*)
               Más me apena que no tenga esta otra.

GIAMBATTISTA   Aguarda aquí con mi madre, que voy a bus-
               car algún cauce.

SIMONE   Tira del carro, ya encontraremos agua más
               adelante. (*Para sí.*) Que en este desierto no
               huele ni a hembra ni a comida.

               (*Cuando van a reanudar el movimiento, los
               paraliza un grito desgarrador de* ISABELLA.)

ISABELLA A.   Mi pobre aliento no aguanta ya el vaivén
               de la carreta.

SIMONE   ¿Qué tiene esa diablesa?

GIAMBATTISTA   Mal de mujeres, me temo.

SIMONE   La vengo yo notando las carnes muy loza-
nas, es de ley que ese gran Duque se la haya
querido beneficiar.

GIAMBATTISTA   ¡Calla! Tu apego a las terrenales formas te
impide ver la grandeza en el alma.

SIMONE   (*Burlón.*) Es deber del varón, honrar el seno
que le dio la luz.

GIAMBATTISTA   No quiero oír tus blasfemias. Isabella es
pura y honesta. No es una mujer cualquie-
ra. Ella nos ha descubierto lo que será el
nuevo teatro, que vuestras viejas payasa-
das están ya muy gastadas.

SIMONE   La gente se ríe.

GIAMBATTISTA   Pero su espíritu no se enriquece con ellas.

SIMONE   ¿El espíritu? Te estás metiendo en un te-
rreno muy peliagudo.

GIAMBATTISTA   El espíritu, la cultura, el teatro… No pueden ser solamente patrimonio de la iglesia.
Nosotros también merecemos vivir de nuestro trabajo.

SIMONE   Ellos dan de comer al hambriento.

GIAMBATTISTA	Ellos comen demasiado, al hambriento no le llega casi nada.
SIMONE	Y los cómicos arrastramos la fama de robar panes y gallinas.
GIAMBATTISTA	Cada vez gastan más en impresionar al pobre y menos en aliviar su miseria.
SIMONE	No vas a conseguir nada con esas pláticas.
GIAMBATTISTA	La gente está ávida de saber. Igual que acuden a las prédicas de ellos, ¿por qué no han de venir cada vez más y en mayor número a escuchar una doctrina que les augura el deleite de la vida y los sentidos, aquí en la tierra, sin tener que abandonar el cuerpo sino sacándole el mejor de los provechos?
SIMONE	¡Te estás metiendo en la boca del diablo, Giovan Battista Andreini!
GIAMBATTISTA	¡Aunque me oprima la fortuna y me persigan los hombres, no me quiero atormentar pensando si acabarán o no algún día las persecuciones!
SIMONE	Cada vez tenemos que correr más lejos y con el estómago más vacío.
GIAMBATTISTA	No quiero que la niebla de las cosas mortales tenga la fuerza de ofuscarme el intelecto. Nuestra época está llamada a deslumbrar a

las generaciones venideras. El hombre no tiene que ser pequeño porque Dios sea grande, como nos enseñaron nuestros abuelos, sino que debe aspirar a la perfección, puesto que tal padre inspira nuestras obras. No debemos rendirnos en la batalla, sino esgrimir nuestras armas. En el escenario, tenemos que apoyarnos en el texto y hacerlo crecer, recrearnos en las bellas palabras para que estallen, con toda su luz, en el momento de decirlas.

SIMONE   Te veo muy influenciado por la escritura dulzona de tu madre. Más me gustáis los bellos mancebos cuando lucís las galas de tórtola enamorada.

                (*Toquetea a* GIAMBATTISTA.)

GIAMBATTISTA   ¡Aparta!

SIMONE   Las mujeres, donde tienen que estar es en su casa y no inventando lo que ya está inventado y desterrado por nuestros antepasados.

GIAMBATTISTA   No fue la sabiduría, sino las duras leyes de los cristianos que, rencorosos por la desmesurada masacre romana, han apartado durante todos estos siglos de su esplendor al teatro.

SIMONE   Desmesura, también es nombre de mujer. Nunca, nunca, el teatro de nuestros sabios padres se ha atrevido a mostrarlas. Estos tiempos modernos van a acabar mal si no se pone remedio.

(ISABELLA *se incorpora sobresaltada, delirando.*)

ISABELLA A.   Tengo que darle la cena a los pequeños.

GIAMBATTISTA   No tienes que hacer nada, descansa, mis hermanos ya están dormidos.

ISABELLA A.   Dame entonces la pluma y el papel, que el cosmos está ya enojado conmigo por permanecer demasiado tiempo ociosa.

SIMONE   ¿Para qué escribir tanto? Ya improvisarás en escena, si es que sabes.

GIAMBATTISTA   De sobra sabes que sabe... Acuérdate de aquella interpretación de «La locura de Isabella» que dejó boquiabiertos a todos. Salió escrito en las crónicas de 1589 y todavía hay muchos que recuerdan como improvisaba en varios idiomas y como imitaba a todas las máscaras de la comedia.

(ISABELLA *apenas puede sujetar la pluma y su hijo toma los utensilios de escritura.*)

SIMONE   Pues ahora, mírala, sin fuerzas para representar su propia máscara en la comedia de la vida.

GIAMBATTISTA   Dicta, que yo fijaré tus letras para que esta fatiga no agote demasiado tus fuerzas.

ISABELLA A.   La Naturaleza, nuestra grandiosa madre, viendo que no podía perpetuarnos a cada uno de nosotros como a ella misma, que no tiene otro objetivo que el de perpetuarse en forma que no tenga jamás fin, procuró por otros medios conseguir este deseo.

SIMONE   ¡Pues sí que está delirando!

GIAMBATTISTA   Aprende y calla, que de algún sentido profundo vendrán preñadas sus palabras.

ISABELLA A.   Y así, puso en algunos ardentísimos deseos de tener hijos, nietos y biznietos, en cuya vida los padres, abuelos y bisabuelos felizmente vivos se mantuvieran.

SIMONE   ¡Paparruchas! Los hijos vienen por lo que vienen.

(Acompaña estas palabras con algún gesto obsceno.)

ISABELLA A.   Algunos otros, para gozar del privilegio de la vida tras la vida, llamó a las nobles artes imitadoras de la naturaleza, con la cual admirablemente osan competir. Así los pájaros pintados que engañan a los pájaros o la estatua esculpida que enamora al joven.

SIMONE   ¡Pintamonas que no quieren trabajar!

ISABELLA A.   En mi ha puesto un ardiente deseo de sa-
                ber, por ventura mayor al de otras mujeres
                de nuestra época, que solo atienden la la-
                bor de la aguja y los pucheros. El saber, en
                el hombre, mitiga la amargura y torna más
                llevaderas las preocupaciones del mundo.

GIAMBATTISTA   Ya no le basta el aire de esta vida mortal
                para expresar tan altos conceptos.

SIMONE   ¡Altos conceptos! No se come de altos con-
                ceptos.

ISABELLA A.   Saber investigar los altos conceptos de la
                naturaleza y del cielo, que no haya cosa que
                se esconda al intelecto nuestro.

GIAMBATTISTA   No te fatigues, madre.

ISABELLA A.   ¡Francesco, ven a mí! Francesco, mi bien,
                que se me va la vida y no has oído de mis
                labios aún todo el amor que te guardo en
                mi corazón ¡Francesco!

GIAMBATTISTA   ¡Francesco! ¡Padre!

ISABELLA A.   Arranca de mis entrañas este hijo tuyo, que
                no te lo robe la muerte también. Leve cria-
                tura que le llaman, tan tierno, los dioses y
                me arrastra con él. (*Aullando de dolor.*)
                ¡Francesco!

GIAMBATTISTA   (*A* SIMONE.) ¡Corre, a ver si lo alcanzas!

SIMONE   (*Rebuscando entre los enseres de la carreta, para llevarse todo lo que puede.*) Espera, que antes me tengo que aliviar las tripas, así correré más raudo. Voy allí, detrás de esos matojos.

(*Sale de escena subiéndose los pantalones, que se le caen, por todo lo que se ha guardado en los bolsillos.*)

ISABELLA A.   Francesco, ¿cómo puedes dudar de que te amo? ¡Francesco!

GIAMBATTISTA   ¡Francesco!

(*Silencio incómodo.*)

ISABELLA A.   ¡Francesco!

GIAMBATTISTA   ¡Francesco!

(*Silencio aún más prolongado e incómodo, hasta que se escucha una voz, la de* LUIS, *gritando desde el patio de butacas.*)

LUIS   ¡Francesco!

Escena II: Falta un actor
Luis, Alonso, Antonio, Isabel, Juanón

> LUIS *sube desde el patio de butacas hasta el escenario, vestido con ropa actual.*

LUIS

¡Francesco! ¡Francesco Andreini! ¡Francisco! ¡Paco! ¿Puedes salir a ensayar tu escena, por favor?

ALONSO

(*Entra en escena desde un lateral, apresurado, poniéndose la capa del* DOCTOR.) Paco no está, se ha ido a currar.

LUIS

¡A currar! ¿Cómo que a currar? Aquí es donde tiene que estar currando, que ni se sabe el texto todavía…

ALONSO

Ya, pero es que, en la tele, le pagan…

ANTONIO

¡Qué suerte, colega, le pagan!

LUIS

¡Alonso, por favor, haz tú su parte, aunque sea leyendo el texto, que necesito ver de una vez el final de la obra desde fuera, sin tener que estar leyéndolo yo, como siempre.

ALONSO   Luis, esto no es serio, yo salgo en esta escena y también necesito trabajar mi personaje.

LUIS   Y Paco, ¿por qué no me ha dicho nada?

JUANÓN   (*Entra abrochándose su ropa de calle.*) A ver, Luis, que el hombre te quería decir que pasáramos primero su escena, pero no le has dejado hablar. (*Imitando a* LUIS.) ¡Vamos, vamos, a ensayar, que ya no queda tiempo! ¡Cambiaros, que empezamos por el principio del último acto!

LUIS   Pues hazlo tú, Juanón, por favor. Vamos, que ya no queda nada.

JUANÓN   Luis, vamos a poner los pies sobre la tierra. El estreno es pasado mañana y Paco está en una serie, en la que no sabe hasta por la noche el horario de rodaje que va a tener al día siguiente.

LUIS   Y ¿qué puedo hacer?

ALONSO   Pues estrenamos otro día chicos, ¿qué más da? ¡Estos son los gajes del directo!

ANTONIO   ¿Otro día? ¿Qué día? Que yo tengo que avisar en el bar donde trabajo.

ISABEL   Seamos racionales, por favor, a estas alturas no se puede cambiar el día del estreno.

LUIS   A estas alturas tampoco puedo convocar un casting para hacer la sustitución, tendrá que hacer de Francesco alguien que ya conozca la obra. Juanón, tus personajes nunca coinciden en escena con Francesco.

JUANÓN   ¿Cómo que no? Zanni, el personaje que interpreta Simone en *la commedia dell'arte*, espía lo que le dice a la Enamorada Isabella el Capitano Spavento, o sea, el personaje de Francesco. No hablamos entre nosotros pero estamos los dos.

LUIS   Pues que no esté Zanni en esa escena.

ISABEL   Tiene que estar, porque si no, ¿cómo le va a contar al enamorado Lelio lo que ha visto?

LUIS   Pues que no se lo cuente.

ISABEL   Pero eso cambia todo lo que ocurre después en *la commedia dell'arte*.

LUIS   Pues cámbialo, cariño.

ISABEL   ¡Me niego a rehacer la versión otra vez, a estas alturas!

JUANÓN   Y yo me niego a aprenderme un nuevo texto en dos días ¡tengo la cabeza loca! Me llamasteis para hacer de Simone da Bologna, que hacía el personaje de Zanni en «La comedia del arte», todo perfecto. Luego se va el actor que hacía de Duque y me lo como yo, no pasa nada, si me encanta esta profesión. Y de propina, también me toca el personaje que hacía Lodovico da Bologna en la compañía Gelosi, ¡el casposo del Dottore! ¿Por qué tengo que tener yo más personajes que nadie?

ALONSO   A mí no me mires, que yo también tengo tres personajes.

JUANÓN   ¡Pues yo cuatro! Y ya que haces de Doctor, podrías hacer también de Dottore en *la commedia*, así no tengo que cruzarme todo el escenario por detrás para llevarte la capa.

ALONSO   Pero ¿cómo voy a hacer de Dottore, si tiene varias escenas con Pantalone?

ANTONIO   Y ¿quién podría hacer entonces de Pantalone?

ALONSO   Yo tengo que hacer de Pantalone, que es la máscara que interpretaba mi personaje, Giulio Pasquati.

ANTONIO   ¡Qué lío! ¿Vosotros creéis que alguien se va a enterar de algo en esta función?

JUANÓN   Que un mismo actor tenga que hacer cuatro personajes, la verdad es que no ayuda.

ISABEL   Bueno, la obra está escrita de forma que cada
             actor del siglo XVII, de los que componían
             la compañía I Gelossi, interprete a la más-
             cara de comedia que solía interpretar.

JUANÓN   Hasta ahí bien, pero repito, a mí me habéis
             colocado dos personajes más.

LUIS   ¡Vale ya! Los Gelosi eran muchos más que
             nosotros, total, en aquella época escasea-
             ba el trabajo y el teatro era una nueva pro-
             fesión, con mucho futuro.

ANTONIO   Pues ahora también escasea el trabajo y mi
             viejo me dice que esto del teatro no tiene
             futuro.

LUIS   La gente del pueblo tenía muchas caren-
             cias y veían en el teatro la posibilidad de
             codearse con la nobleza, comer de sus mi-
             gajas, que ya sería comer mucho más de lo
             que comían muchos. Y si venían mal da-
             das, en la carreta, cuantos más se juntasen,
             menos frío pasarían. Pero ahora, cuando
             salgamos de gira, querréis dormir en una
             cama ¿verdad?

JUANÓN   Si no es mucha molestia…

LUIS   Y ¿cuántas veces coméis al día?

ALONSO   Tres, como todo el mundo.

ANTONIO   Yo tengo que merendar y tomar algo a me-
             dia mañana también, que estoy creciendo
             todavía.

LUIS   Todo eso cuesta dinero y los teatros no nos
             pagan más porque seamos muchos. Y la
             Seguridad Social, afortunadamente, no nos
             cobra por número de personajes, sino de
             actores.

JUANÓN   Vamos a ser prácticos. Como no podemos
             arreglar ahora los problemas de la gestión
             cultural, ¿qué tal si resolvemos lo del per-
             sonaje de Francesco?

ANTONIO   Podría hacerlo Luis, que no tiene ningún
             personaje.

LUIS   No, no, yo soy el director, tengo que verlo
             todo desde fuera.

ISABEL   En las compañías italianas de principios
             del siglo XVII no creo que ningún director
             se quedara viéndolo todo desde fuera. Con-
             taba a los demás el argumento que iban a
             representar y hacía su personaje.

LUIS   ¡Exacto! Y cada actor, más o menos, se di-
             rigía a sí mismo. Los directores tenían mu-
             cho menos trabajo de puesta en escena.

ISABEL   Y cada actor, más o menos, se inventaba lo que decía en escena. Y yo, sin embargo, he escrito el texto de todos.

ALONSO   Venga Luis, ya has visto bastante desde fuera, ahora te toca mojarte.

LUIS   No me sé el texto.

ANTONIO   Mejor que Paco, sí te lo sabes.

ISABEL   Venga, yo te hago de apuntadora. (*Susurrándo.*) Isabella Andreini, viviré para inmortalizar tu obra…

LUIS   Isabella Andreini, viviré para inmortalizar tu obra. Haré escribir esta losa, tumba de mi corazón: Padua, mil quinientos sesenta y dos, Lyon, mil seiscientos cuatro.

(*Aplauden* ISABEL, ALONSO, ANTONIO *y* JUANÓN.)

ISABEL   Pero ¡qué bien lo haces, Luis Francisco!

JUANÓN   Se tiene que respetar el paralelismo…

ALONSO   Y, sobre todo, a ver de dónde sacamos, a estas alturas, un actor que conozca la obra mejor que tú.

LUIS   Vale, vale, basta de perder el tiempo. Vamos a seguir con el ensayo.

ANTONIO   Yo me voy, que empiezo el turno del bar.

ALONSO   Yo también tengo que irme, que me ha sa-
             lido un casting de publi.

LUIS   Y tú, mejor repásate un poco el texto, que
             tampoco es fácil hacer de Isabella Andreini,
             de la Enamorada Isabella y de apuntadora.

             (*Salen de escena* ALONSO, ANTONIO *y* LUIS.)

Escena III: Predictor
Juanón, Isabel, Luis

> JUANÓN *saca una baraja de Tarot y comienza un juego de predicción con las cartas.*

JUANÓN   Parece mentira que vayamos a estrenar ya, con todos los problemas que hemos tenido.

ISABEL   Todavía no me creo que vayamos a estrenar.

JUANÓN   Mujer de poca fe, lo estoy viendo en las cartas.

ISABEL   Ah, ¿sí? ¿Qué ves?

JUANÓN   Una figura femenina empeñada en que esto salga adelante.

ISABEL   Esa soy yo, que me he jugado todo a este montaje.

JUANÓN   O Isabella.

ISABEL   Ya.

JUANÓN   Tenéis algo importante que os une.

ISABEL   Sí, muchas cosas. Somos mujeres, actrices, autoras…

JUANÓN   Algo… sobrenatural. (*Descubriendo algunas cartas más.*) Cuando murió, dejó algo sin terminar.

ISABEL   Supongo que todos, cuando morimos, dejamos algo a medias.

JUANÓN   (*Poniéndose muy serio.*) Y no descansará hasta que tú culmines lo que ella no pudo terminar.

ISABEL   ¿Por qué me pasa a mí esto?

JUANÓN   Es como si la naturaleza os diera otra oportunidad.

ISABEL   No puedo aceptarla.

JUANÓN   ¿Qué estás ocultando?

ISABEL   Ahora no puedo jugar a las adivinanzas. Todavía me tengo que poner a llamar por teléfono a algunos periodistas que quiero que vengan a vernos al estreno, a ver si nos pueden sacar en algún periódico. Necesitamos buenas críticas para vender funciones y recuperar un poco de todo lo que hemos invertido…

JUANÓN   ¡Te has puesto nerviosilla! No se me da mal
           este cometarros de las cartas, al final, voy
           a acabar en El Retiro sacándome unas pe-
           lillas con esto. (*Imita el acento gitano.*) Chi-
           quilla, no seas roñosa, déjame que te lea el
           futuro, que vas a tener un churumbel que
           va a dar gloria de verlo.

ISABEL   No voy a tenerlo.

           (*Rompe a llorar.*)

JUANÓN   ¡Isabel!

ISABEL   Esta profesión me exige demasiado.

JUANÓN   ¡Estás embarazada!

ISABEL   Cállate, por favor.

JUANÓN   Puf, ¿desde cuándo lo sabes?

ISABEL   No, si no lo sé.

JUANÓN   Pero lo sabes.

ISABEL   Claro, sí, sí, lo sé.

JUANÓN   ¿Se lo has dicho a Luis? ¿Y a tus padres?
           ¿Quién más lo sabe?

ISABEL   Ni lo saben, ni lo van a saber.

JUANÓN   A ti te encantan los niños y se te dan de maravilla. Si yo fuera mujer, me encantaría quedarme embarazada, sentir como crece una persona dentro. ¡Eso sí que es pura magia!

ISABEL   No es magia Juanón, es sacrificio. Estar pendiente de alguien siempre, durante muchos años. Al principio, no puedes ni dormir de tirón una noche.

JUANÓN   Ya no eres una cría, a lo mejor no tienes muchas más oportunidades.

ISABEL   Ahora necesito hacer funciones de esta obra, recuperar la inversión, responder ante la gente que me ha prestado su apoyo, los que me han dejado el teatro, vosotros, que estáis ensayando sin cobrar. Hacer este personaje, que lo he escrito porque lo quiero interpretar… el cuerpo se me está hinchando ya…

LUIS   (*Entra, vestido al estilo del siglo XVI.*) No me queda mal el traje.

JUANÓN   Parece que te lo han hecho a medida.

ISABEL   ¡Se lo han hecho! Si Paco no vino ni un día a las pruebas de vestuario.

LUIS   Pues tú, ahora parece que llenas más el tuyo, por la parte del escote.

(Luis *intenta acariciar el pecho de* Isabel *y ella lo retira bruscamente.*)

ISABEL Gracias por llamarme gorda.

LUIS (*Cariñoso.*) Que no es eso, es que se te están poniendo los pechos más grandes y más bonitos que nunca.

JUANÓN (*Hablándose a sí mismo.*) Juanón, vámonos con la música a otra parte.

ISABEL Ahora no cielito, que tenemos mucho que hacer.

Escena IV: Matrimonio Andreini
Isabella Andreini, Francesco Andreini, Isabel —al final—.

> ISABELLA y FRANCESCO, *interpretados por* ISA-
> BEL y LUIS, *están junto al cauce de un río, en
> un día del final de la primavera, charlando,
> mientras realizan tareas de mantenimiento
> de los enseres necesarios para la vida y la
> escena.*

ISABELLA A.   Francesco, no has comido nada hoy.

FRANCESCO A.   No tengo ganas.

ISABELLA A.   ¿Qué te pasa?

FRANCESCO A.   Es el calor, que me quita las fuerzas.

ISABELLA A.   Si no comes, no vas a poder tirar del carro.

FRANCESCO A.   No sé si hay que seguir tirando.

ISABELLA A.   ¿Qué es lo que me quieres decir y no me
dices?

FRANCESCO A.   No tenía buena cara tu padre, la última vez
que pasamos por vuestra tierra.

ISABELLA A.   ¿Ahora te acuerdas de eso?

FRANCESCO A.   Tal vez tendríamos que habernos quedado con él.

ISABELLA A.   Hemos triunfado en la corte francesa ¿preferirías habértelo ahorrado?

FRANCESCO A.   Se asomaba el abismo a sus ojos, como si ya no fuera él.

ISABELLA A.   Estaremos pronto de vuelta.

FRANCESCO A.   Nunca debí sacarte de su casa, donde vivías a cuerpo de reina, para andar de acá para allá.

ISABELLA A.   Nadie me sacó de ninguna parte, que la decisión de andar por los caminos de comedianta es mía nada más.

FRANCESCO A.   No hubieras llegado tan lejos, de no haber sido por mí.

ISABELLA A.   Bendigo el ser tu compañera en esta vida.

FRANCESCO A.   Dulce Isabella, podríamos regresar para que al menos este nuevo hijo comience su vida y crezca en el mismo sitio que tú.

ISABELLA A.   Y, ¿de qué comeremos, si abandonamos el trajín de la carreta?

FRANCESCO A.   Tu familia tiene hacienda, podrá socorrernos.

ISABELLA A.   No quiero dar a luz a la sombra de la envidia y el temor de que este niño mío vaya a comerse la herencia que tanto empeño tienen mis hermanos en arrancarle a mi amado padre.

FRANCESCO A.   Tendrás que empezar a pensar en esa herencia, que también te corresponde. No vas a poder hacer por siempre el papel de eterna enamorada. Ya tienes edad para empezar a manejar las cosas de la tierra.

ISABELLA A.   La tierra es muy extensa y no me ha de faltar un lecho que me acoja, si me faltan las fuerzas.

FRANCESCO A.   En esta parte del año, en que los días son tan largos, siempre añoro tener unos surcos que labrar.

ISABELLA A.   Pero se te pasan cuando escuchas de nuevo las carcajadas y los aplausos.

FRANCESCO A.   Ya no somos jóvenes.

ISABELLA A.   ¡Ja! No hables en plural, que yo vestía pañales cuando tú ya causabas estragos entre las damiselas de Pistoia.

FRANCESCO A.   Estoy cansado, ya no tengo las mismas fuerzas que cuando nacieron los otros hijos.

ISABELLA A.   Nuestro quehacer sobre las tablas nos mantiene jóvenes.

FRANCESCO A.   Solo por fuera, que el tiempo cuenta en los huesos, por más que nos untemos afeites para mantener la lozanía en la piel.

ISABELLA A.   Estamos en lo mejor de nuestras carreras ¿leíste lo que escribió sobre mí aquella poetisa francesa? ¿La Mademoiselle de Beaulieu? (*Engreída y orgullosa de sí misma, recita, casi bailando al son de sus palabras.*) Esta excepcional Isabella, honor de su sexo, aflicción de los siglos pasados, gloria del presente, envidia del futuro, ornamento de la tierra, maravilla del cielo, milagro de la naturaleza, templo sagrado: que abriendo sus labios de rosas nos hace ver las imágenes de su alma, dulce prisión de la nuestra, ligazón de las mentes, donde ella inspira las pasiones que desea.

     (*Acaba dando un traspiés y* FRANCESCO *vuela para socorrerla.*)

FRANCESCO A.   Temo que las fatigas del camino nos roben, una vez más, el fruto de nuestro amor.

ISABELLA A.   Llegarán épocas en que la condición de ser mujer sea más leve y no nos pese este divino encargo de la maternidad tanto que nos robe la vida entera.

FRANCESCO A.   Tú has gozado del mundo, no te quejes.

ISABELLA A.   Gracias a ti estoy gozando de este mundo en el que, siendo mujer, es inútil desear hacer lo que deseas.

FRANCESCO A.   Ya has sido aplaudida, aclamada, admitida en una academia de hombres intelectuales, ¿Qué más puedes desear?

ISABELLA A.   Continuar.

FRANCESCO A.   Nos estamos dejando la vida en esto. Se nos quema el tiempo defendiendo este arte asustadizo y ruin, que un día te ensalza y al otro te ignora.

ISABELLA A.   Así es, un arte fanfarrón y miedoso, como el gran Capitano Spavento. Pero lo amo, igual que al actor que lo interpreta.

FRANCESCO A.   Sería mejor ir buscando una vida más ordenada, en la que cada día te levantes sabiendo cual es el suelo que vas a pisar. Crear, en estas circunstancias es como arrojarse al vacío.

ISABELLA A.   También amar es como arrojarse al vacío.

FRANCESCO A.   También amar.

ISABELLA A.   La creación es una forma de amor.

FRANCESCO A.   En el reino de amor, mil placeres no valen un tormento. *Dixit* Isabella Andreini.

ISABELLA A.   En el reino del arte, un solo placer, mil tormentos apaga.

FRANCESCO A.   ¿Qué buscamos en el arte?

ISABELLA A.   Expresar nuestras miserias con el deseo de que algún oído atento pueda aliviar, con ellas, las suyas.

FRANCESCO A.   Y tú, Isabella, si yo te amo más que a nada en este mundo. ¿Por qué escribes sobre los sufrimientos del amor que no hallan recompensa?

ISABELLA A.   Porque al teatro solo le interesa el amor feliz al final de la comedia. El suelo se detiene bajo los pies de aquellos que se aman perfecta y recíprocamente. Si el mundo gira, si la función avanza, es por quienes corren enamorados, unos detrás de los otros, sin ser correspondidos.

FRANCESCO A.   Entonces tú no me quieres, Isabella, porque te niegas a encontrar conmigo el lugar donde dar descanso a nuestros pies y prefieres seguir las ruedas de esta vieja carreta, que ya estoy cansado de hacer girar. ¿Con qué derecho tus deseos tiranizan así a mi corazón?

ISABELLA A.   Será porque busco que me améis más todavía. Así como arde más el fuego que más
viene del viento estimulado, la llama del
amor se aviva tanto más y tanto más ca-
lienta, cuanto el viento de los amorosos
suspiros le da fuerza.

FRANCESCO A. Sumamente me glorio, señora mía, de vivir sujeto a la placentera tiranía de vuestra
sapiencia. Mas, no osará rogaros mi alma
enamorada que me concedáis parte de vuestra gracia porque ni yo, ni cuantos habitan
el orbe, podemos ser objeto digno de vuestros altos pensamientos.

ISABELLA A.   No son mis pensamientos los que me dan
la fama, lo que el público aclama son unas
faldas que revolotean sobre las tablas.
Acuérdate de Mirtilla[4], no sentó nada bien
que un sátiro fuera burlado por una ninfa.

FRANCESCO A. Eso ya está cambiando, incluso los autores
de mi sexo describen mujeres más firmes
y resueltas.

ISABELLA A.   Entonces, habrá valido de algo mi amor al
teatro.

FRANCESCO A. El amor es el motor del mundo.

---

[4] *Mirtilla* de Isabella Andreini es, junto con *Flori* de Maddalena Cam-
piglia, una de las primeras obras de teatro que conservamos firma-
da por una mujer, publicadas ambas en 1588.

ISABELLA A.   El amor entre los hombres y los demás seres que pueblan la tierra es solo un soplo. Yo quisiera verle el rostro al dios Amor, único, verdadero, infinito, eterno. En nuestra pequeñez, necesitamos darle una forma, un rostro, una dirección, una vocación…

FRANCESCO A.   Esta vocación nos está consumiendo. El teatro seguirá vivo después de que nosotros desaparezcamos. Tal vez, nuestros hijos perderán nuestra memoria y todo habrá sido un sueño de la diosa Talía y del dios Amor.

ISABELLA A.   No puedes ponerle trabas al destino, el teatro es un dios que me devora las entrañas y no me deja opción a desertar.

FRANCESCO A.   El teatro te tragará y te vomitará de nuevo. La historia te ha de retratar como la primera mujer capaz de retar a la escena con el arte de su propia pluma.

ISABELLA A.   Tengo buen maestro.

FRANCESCO A.   Yo solo sé inventar y bramar bravuconadas mundanas, no descubrir el perfume sutil del alma humana.

ISABELLA A.   Tus escenas tienen fuerza, Francesco, el público las aclama. Pero serías más grande si escribieras y trabajaras sobre lo escrito. El teatro es un arte efímero del cual no queda nada después. La improvisación continua no nos lleva a ningún sitio, lo que hay que estar inventando continuamente no evoluciona, no crece. Lo que no se escribe, se imprime y se difunde no existe, solo forma parte de la memoria de unos pocos. El sello de los nuevos tiempos es lo imperecedero. Tenemos que seguir mirando a la imprenta, ella da la inmortalidad.

FRANCESCO A. En los siglos venideros, las mujeres reinarán sobre la escena y me lo deberán a mí, al gran Francesco Andreini, que arrancó una tierna flor llamada Isabella de los tranquilos jardines de Padua para que sirviera de modelo en la entrega a las tablas. Y por ello, durante toda la eternidad, las descendientes de Eva habrán de rendirme honor y pleitesía.

ISABELLA A. Capitano Spavento, por los siglos de los siglos, tú serás un fanfarrón y un mujeriego.

FRANCESCO A. ¿Para cuándo crees que nacerá nuestro hijo?

ISABELLA A. Al cobijarnos con su abrigo el invierno. (FRANCESCO *la rodea con los brazos, cubriendo con su cuerpo la espalda de su amada.*) Tengo miedo.

FRANCESCO A. Estoy contigo.

ISABELLA A. Pero tengo miedo.

FRANCESCO A. ¿A qué tienes miedo, mi bien?

ISABELLA A.   A dejarme llevar por la gran ley de la na-
               turaleza. A contemplar cómo el perfil que
               rige todas las grandes esferas anida en mi
               cuerpo. Y a ese momento en el que se abren
               las carnes y se habita el cielo y el infierno
               a una misma vez.

FRANCESCO A.   Si te pesa este embarazo, aún podemos vi-
               sitar a una de esas mujeres que desatan lo
               que la naturaleza de un hombre y una mu-
               jer son capaces de anudar.

ISABELLA A.   No seré yo quien persiga esas cosas, que
               sabes que deseo estar en paz con Dios. Y
               no quiero renunciar a sentir una vez más
               la caricia de una piel transparente, de seda,
               y el aroma de la vida recién parida.

FRANCESCO A.   Y yo quiero vivir contigo ese momento en
               el que nuestros rostros, unidos, se reflejan
               en sus recién nacidas pupilas.

ISABELLA A.   ¿Será otro niño u otra niña?

FRANCESCO A.   Me alegra que las chicas no vayan siguien-
               do tus pasos, al calor de las cortes y los con-
               ventos estarán bien.

ISABELLA A.   También los chicos van prefiriendo aho-
               rrarse el polvo y las fatigas del camino.

FRANCESCO A.   Menos Giambattista.

ISABELLA A. Sigue tu ejemplo, tiene buenas dotes de director.

FRANCESCO A. Y el tuyo, he leído alguna comedia suya que no está nada mal.

ISABELLA A. Actuar con él me sublima. Bramar a los cuatro vientos nuestro amor sobre las tablas. Es grandioso revivir delante del público la magia de mirar mis propios gestos y los tuyos, en el primogénito nacido de mi cuerpo.

FRANCESCO A. (*Cariñoso.*) Vamos detrás de la carreta a echar la siesta, que al atardecer tendremos que seguir el camino y habrá que tener renovadas las fuerzas.

ISABELLA A. Ve tú, que a mí me ronda la pluma una escena de enamorados.

FRANCESCO A. Represéntala conmigo sobre el escenario de la vida, antes de que el final de esta función me arranque el placer de ser tu esposo y tu amante.

ISABELLA A. No insistas, Francesco, no vaya a ser que la musa que me inspira robe las palabras de mi pensamiento, antes de haberlas pasado al papel.

FRANCESCO A. Siempre han de ser tus musas primero que mi sed. Tú no me quieres, Isabella, solo amas lo que he conseguido hacer de ti. Escribe eso con tu sangre porque es la única verdad. Te pasas la vida emborronando papeles con lo que tú dices que es el amor, pero la triste realidad es que eres incapaz de amar a otros ojos que no sean los que nunca por ti podrán ser vistos, sino a través del gélido metal.

ISABELLA A.   Francesco, me tienes que entender.

(FRANCESCO *prepara la carreta para reanudar el viaje.*)

FRANCESCO A.   ¡Vamos, que se hace tarde, Simone, tira del carro!

(ISABEL *imita las voces de sus compañeros* JUANÓN y ALONSO, *para dar la réplica.*)

ISABEL   Estoy enfermo.

FRANCESCO A.   Navega contra la resaca, que falta un buen trecho para avistar la tierra prometida, no vayamos a zozobrar antes de botar el barco. Giulio, ayúdale tú.

ISABEL   Yo soy viejo, Francesco.

FRANCESCO A.   Eso me lo dices cuando estemos comiendo que, al burro viejo, habremos de servirle poco verde.

Escena V: Discusión de pareja
Luis, Isabel

LUIS   ¿Cómo lo has visto?

ISABEL   (*Aplaudiendo.*) ¡Bravo! Ya tenemos actor.

LUIS   ¿Pasamos otra escena?

ISABEL   Es muy tarde.

LUIS   Vamos a dormir, entonces.

ISABEL   Ve tú, yo tengo mucho que hacer todavía, necesito coser una cosa del vestuario y he dejado todas las llamadas que tenía que hacer, por este ensayo.

LUIS   ¿Qué te pasa?

ISABEL   ¿A mí? No me pasa nada ¿y a ti?

LUIS   Estás rara.

ISABEL   Será porque tú estás raro.

LUIS   ¿Raro, yo? Llevo un mes preguntándote qué te pasa y no me cuentas nada.

ISABEL   Porque no me pasa nada.

LUIS   ¿Por qué no dejas que me acerque a ti?

ISABEL   Estoy muy cansada.

LUIS   Pues que descanses.

ISABEL   ¿Qué quieres decir?

LUIS   Que duermas bien.

ISABEL   Yo no puedo dormir con este mal rollo.

LUIS   Pues vamos a hablar.

ISABEL   ¡Olvídame!

LUIS   Ya estamos como Isabella y Francesco, por eso no lo quería hacer yo. ¡Siempre me tengo que comer los marrones de todas las comidas de tarro de tus personajes!

ISABEL   Pues no te los comas.

LUIS   Desconsiderada, me estoy dejando la piel por tu empeño en resucitar la memoria de Isabella.

ISABEL   Ah, pensaba que era por tu gran carrera de director.

LUIS   Se acabó, mañana les digo a los actores que no se estrena.

ISABEL   De acuerdo, díselo también a todos los que han confirmado las invitaciones, a los programadores de teatro que hemos estado convenciendo para que vengan, la tele a la que hemos concedido una entrevista justo antes de empezar la función. No te olvides de decirle al teatro que devuelva el dinero a los que han comprado la entrada, a la Consejería de Cultura, que renunciamos a la ayuda y al banco, que hemos renunciado a la subvención que avala el préstamo que ya nos hemos gastado en la escenografía y el vestuario… ¿Te lo apunto, todo esto, o te acuerdas?

Acto II
Escena I: Vuelven los actores
Juanón, Alonso, Antonio, Luis, Isabel

JUANÓN, *vestido de* ZANNI, *hace ejercicios de respiración, muy concentrado, en el centro del escenario. Llega* ALONSO, *apresurado, poniéndose la ropa de* PANTALONE.

ALONSO   Tío, casi no puedo venir porque se nos ha puesto la niña malita... Al final he convencido a mi mujer para que falte ella a currar, pero no veas el discurso feminista que me ha echado: que siempre tenemos que ser las madres, que los hombres no valéis para nada... Es que la tienen con un contrato de prueba y no se puede andar con tonterías. Eso sí, macho, hay un montón de tías que están esperando como lobas para poder entrar a currar, así que, las que tienen un puesto, no se pueden pasar ni un pelo. Y si empezamos así con la niña, que coge todos los mocos y todos los constipados que se pierden en la guardería...

JUANÓN   ¿Y a mí qué me cuentas? ¿No querrás que me vaya también a cuidar a tu hija?

ALONSO   ¿Sabes? Por una parte, me encantaría que se vendieran muchas funciones…

JUANÓN   ¡Es tonto, mi niño! Pues claro, a ver si salimos de esta ruina.

ALONSO   Pero por otra, ¡tengo unas ganas de perderte de vista! ¡Pero qué borde es el tío este!

ANTONIO   Hola, hola, caracola, ¿qué tal?

LUIS   Vamos, vamos, que no vais a llegar a tiempo ni el día del estreno.

ANTONIO   ¿Hoy es el estreno?

TODOS   (*A coro.*) ¡Mañana!

ANTONIO   Vale, vale, ya me he enterado.

          (*Se cambia de ropa.*)

ALONSO   Ay, Antoñito, vaya despiste que tienes, ¿no estarás enamorado?

ANTONIO   ¡Pues claro!

ALONSO   ¿Ah sí, de quién?

ANTONIO   (*Parodiando al personaje de* LELIO.) De Isabella…

ISABEL   Hola hijito, vamos a probar una cosa que he pensado, cuando digo el texto: el amor no puede ser siempre cortés…

JUANÓN   No seáis petardos, vamos a empezar ya con el ensayo. Maestro, ¿de qué trata hoy el *canovaccio*?

LUIS   Pues eso, empezamos con la escena del *canovaccio*.

Escena II: Presentación de La comedia del arte
Zanni, Zanna, Capitano Spavento, Dottore, Pantalone

> *Suena la música y el bullicio, mientras los actores —con la ropa y las máscaras de La comedia del arte— llaman la atención del público hacia la representación, entre gritos y cabriolas.*

ZANNI   Vengan.

ZANNA   Acérquense.

ZANNI   Vengan todos.

ZANNA   Diviértanse.

LOS ZANNI   La gran *commedia dell'arte* ha llegado a esta ilustre plaza.

> (LOS ZANNI *preparan la carreta para la representación, mientras juegan de forma acrobática. Aparece el* CAPITANO SPAVENTO, *con su media máscara de nariz prominente, cabalgando sobre un caballito de madera, de juguete.*)

CAPITANO S.   (*Cantando.*) Me gustan las mujeres, me gusta el vino y si tengo que olvidarlas bebo y olvido… (*Olfatea a lo largo del proscenio.*)

Ya han venido las mozas a verme. No os voy a defraudar, nenitas... Ya sé que lo que necesitáis es todo un hombre de pelo en pecho, o sea, yo. (*Se golpea el pecho con fuerza y acusa el dolor con un gesto cómico.*) Yo, que a los infiernos bajé, a los palacios subí, a los claustros escalé y en todas partes dejé memoria amarga de mí, dondequiera que fui la razón atropellé, la virtud escarnecí, a la justicia burlé y a las mujeres vendí. ¿Ven a mi menda lerenda? pues yo voy a derrotar a quien ose hacerme mal. Seré el rey de este lugar, como lo he sido de todos los que hasta ahora he pisado ¡todas las damas querrán que pida su mano!

(*Aparece* Dottore *bebiendo de un porrón de vino.*)

Dottore   Vengan, vengan todos, acérquense a beber *la gran commedia dell'arte.* Y digo bien beber y no ver como diría vulgarmente el vulgo vulgar... ya que la palabra beber es mucho más grandiosa que la palabra ver, puesto que la primera contiene a la otra. De todos es conocido que, al beber, los efluvios del alcohol hacen que nuestra visión sea doble y así, en estas circunstancias, hemos de decir que, en vez de ver, lo que nos está acaeciendo es ver, ver. (*Cantando.*) Beber, beber, beber es un gran placer, el agua para las ranas y para los peces que nadan bien. *Qui sine peccato est vestrum, primus in illum lapidem mittat.*

CAPITANO S.   Amen.

DOTTORE   (*Con ademán de brindar.*) Bebía nuestro padre, Adán.

(CAPITANO *se acerca a* DOTTORE *y le tiende algún utensilio que este último llena de vino.*)

CAPITANO S.   Bebía.

DOTTORE   Bebía nuestra madre, Eva.

CAPITANO S.   Buena borracha que era. Y, puesto que sus hijos somos, buenos borrachos que somos.

DOTTORE   Cuando Dios llamó a Gabino, no dijo Gabino ven, sino ¡venga vino!

CAPITANO S.   Por ellas, por las más bellas, por las de culo ancho, por las del culo estrecho, por las de cuello largo, por las de cuello corto, por las de color claro, por las de color oscuro, por ellas, por las más bellas, ¡por las botellas!

DOTTORE   Por las botellas y los barriles, por las jarras y los porrones… Aparece Pantalone.

PANTALONE   Vengan a ver el teatro y echen monedillas en la gorrilla, que sale muy caro esto de andar de acá para allá con todos los bártulos a cuestas y la vida está muy mala.

ZANNI   Señor Pantalone, no sea usted tan avaro.

ZANNA   Deje al menos que disfruten primero de la comedia.

PANTALONE   Pues tendrá que ser así. Aunque yo, pase lo que pase, ahorro. (*Le muestra a* DOTTORE *su sombrero haciendo tintinear las monedas que lleva dentro.*) Bueno ¿qué?, señor Dottore.

DOTTORE   Buenas, señor Pantalone.

PANTALONE   Que nos van a dar las uvas.

DOTTORE   Si nos van a dar las uvas, que nos las den. Que, al tratarse de comida, serán siempre bienvenidas. Ahora bien, Si me quieren venir a mí con el cuento del Milenio, estoy yo muy escamado. Que si no se acaba el siglo, que si se acaba, pero todavía no, que si estrenamos milenio, que si se termina el mundo, que si ahora se acaba el mundo y el año que viene también, que se acabó el año pasado... Me parece a mí, que todo esto es una patraña para subir los precios del mercado.

PANTALONE   Pues no está del todo mal, a río revuelto, ganancia de Pantalone. ¡Venga ese porrón amigo *Dottore* convídame a un trago, que lo vamos a celebrar!

DOTTORE   Señor Pantalone, no sea usted tan gorrón.
          Si quiere que le convidé a un trago, saque
          un plato de jamón.

PANTALONE Entonces dejémoslo, que el vino se sube a la
           cabeza. (*Aparte.*) Y está muy caro el jamón.

DOTTORE   Siendo el preciado licor el inmejorable
          compañero de una buena pata de jamón,
          podríamos decir que la compañía es buena
          cosa. Ahora bien, cuando se trata de comer
          y beber, opino yo, que mejor será estar solo
          que mal acompañado, porque así, todos
          nuestros sentidos se centrarán en el vino
          que ha de ser, primero que bebido, admira-
          do, olido, deseado, catado, bien paladeado.

          (PANTALONE *distrae al* DOTTORE, *circunstan-
          cia que aprovechan* LOS ZANNI *para beberse
          el vino.*)

PANTALONE ¿Es para hoy lo de presentar la comedia, o
           lo dejamos mejor para mañana?

DOTTORE   Cierto es que la comedia habrá de ser pre-
          sentada antes que representada, pero, an-
          tes de comenzar con una nueva actividad,
          habremos de concluir la que primero nos
          ocupaba. Y bien, después de admirado, oli-
          do, catado y paladeado, el vino ha de ser
          bebido. (DOTTORE *se da cuenta de que le
          han robado y sale de escena corriendo todo*

lo deprisa que su voluminoso cuerpo le permite.) ¡Al ladrón! ¡Al ladrón!

PANTALONE   Pues ea, como decía mi abuelo, lo que hay que hacer, hacerlo pronto, que al que madruga Dios le ayuda si madruga con buen fin. En fin, vamos al grano, van ustedes a asistir a las bodas de la nena que, por ser la única hija del hombre más rico de la ciudad, o sea, yo, han de ser las bodas más sonadas que jamás se hayan visto. Vendrán todos los vecinos, los familiares y amigos, a entregar grandes regalos que comprarán en mi bazar, que es el mejor surtido y enjaezado de toda la villa. Así, caso a la nena y ahorro. Y si caso a la nena, la viste y la da de comer su marido, así que de todos modos ahorro.

(*Se mete en su casa.*)

CAPITANO S.   ¡Pardiez, que no he podido caer en mejor sitio! Conquistaré el corazón de esa adinerada muchachita casadera y ganaré su mano.

(*Salen todos menos* ZANNI.)

La Comedia del Arte de Isabella Enamorada
Escena I de La comedia del arte
Zanni, Pantalone

ZANNI   Soy el Zanni, sirviente de quien me paga. Hasta hoy mismo, criado de Pantalone. Pero esto se acabó ¡me marcho! voy a quejarme al sindicato de Zannis. Que, ¿por qué me voy? Porque es un tacaño que me mata a trabajar y me mata de hambre, lo cual quiere decir que me mata dos veces. O, ahora que lo pienso, me mata tres veces, porque matarme a trabajar sin haber comido es mucho menos entretenido que matarme a trabajar con la panza llena. Además, matarme de hambre una vez que me ha matado de tanto trabajar es aún mucho peor porque, como dice el Zanni, si a los que están enfermos se les cuida y se les da de comer para que sanen, a los muertos no se les ha de negar el cuidado y el sustento. Convendréis conmigo en que estar muerto es mucho peor que estar enfermo. Y, si estar muerto es malo, será mucho peor estar cinco veces muerto como lo está el Zanni, que estoy muerto de hambre, muerto de trabajar, muerto de trabajar muerto de hambre, muerto de hambre de tanto trabajar y muerto de estar muerto.

PANTALONE (*Saliendo de su casa.*) ¡Zanni, Zanni! Sinvergüenza, gandul, malcriado. ¿Qué haces por aquí holgazaneando?

ZANNI (*Hace que limpia, con un plumero.*) Señor Pantalone, no le puedo contestar porque estoy muerto y los muertos no hablan.

PANTALONE Me parece muy bien que estés muerto, al fin has tenido una idea sensata, como los muertos no consumen alimentos, dineritos me has de ahorrar. Y hablando de dineritos, me voy a buscar a mi viejo amigo el Dottore porque tengo un buen negocio que proponerle, a ver qué le parece. Se trata de mi hija Isabella, que ya está muy pimpolluda para andar por ahí como vaca sin cencerro y necesita un hombre que la meta en cintura.

(*Sale de escena.*)

ZANNI O sea, ¿que los muertos no comen? Entonces, yo estoy muerto desde mucho antes de darme cuenta de que lo estaba, porque ya ni me acuerdo desde cuándo hace que no como. Pero esto lo arregla el Zanni ahora mismo, esta situación no me interesa, así que resucito y me convierto en un viejecito. ¿Quién no se va a apiadar de un pobre viejecito? ¿Qué digo, viejecito? De una viejecita, que dan mucha más pena. ¿Quién va a negarle un mendrugo y un trozo de queso manchego a una viejecita? ¡Decidido! El Zanni, desde ahora, va a ser una viejecita muy viejecita, pero que no esté muerta ni nada, una viejecita muy marchosilla.

(*Lanza al aire el plumero, que acaba cayendo al suelo, y sale de escena en pose de viejecita.*)

Escena II de La comedia del arte
Capitano Spavento, Enamorada Isabella, Zanni

Entra el CAPITANO SPAVENTO *cabalgando en su caballo de madera.*

CAPITANO S.   (*Cantando.*) De España vengo, de España soy… ¡soooo! (*Se atiza con el palo del caballo en sus genitales.*) ¡España va bien! Soy el Capitano Spavento del Valle del Infierno de Sangre y Fuego. (—*Pueden añadírsele apellidos que estén de moda en la prensa del corazón*—.) Capitán de los tercios españoles. (*Cantando.*) Soy el novio de la muerte… (*Acompaña el discurso con los movimientos ampulosos de su espada.*) Vencedor de mil batallas. He mesado las barbas de Júpiter y ahogado al mismísimo Neptuno. (*Guarda la espada y se pilla los dedos.*) ¡Ayyyy, mamita, qué me he hecho pupa. (*Se recompone, volviendo a su actitud arrogante.*) Mi grito aterroriza a los dragones y mi cólera es comparable a la de cien mil truenos. Mis gestas se cuentan por cientos y mis conquistas por miles, no hay hembra que no haya sucumbido a mis encantos. La honra de cinco mil becarias son las muescas grabadas en mi vaina y guardan en relicarios los restos de aquellas hazañas. Aunque no sé para qué me ha encaminado la diosa fortuna a este villorrio veneciano, si en tres minutos que llevo no me he comido un saci ni he colocado el boniato… ¡Patricias, plebeyas, ricas, doncellas, duquesas, novicias, mujeres de buen ver, a todas os pongo mirando para Santander! Pero ¿dónde estáis mozuelas? ¡Que sigo estando a dos velas!

(*La* ENAMORADA ISABELLA *sale a su balcón y el* CAPITANO SPAVENTO *se esconde para no ser visto.*)

ENAMORADA I. Heme aquí, soy Isabella. Sabed que amo al galán más bello que jamás doncella alguna pudo amar.

CAPITANO S. Ese debo ser yo.

ENAMORADA I. Y qué me hallo pulsionada a tornar una vez más aquí, dónde escuché por primera vez a mi adorado Lelio, mi bien, mi vida entera. Él es...

(*Se queda pensativa.*)

CAPITANO S. ¡Vaya caballa!

ENAMORADA I. Delicado doncel, alma elevada
que asciende evaporada
por el acalorado corazón
henchido del amor de mi mirada.
Soy la única flor
que, en el jardín de sueños encendidos,
logró pintar carmín apasionado

en su semblante pálido.
Deliciosas facciones
que Afrodita esculpió:
cabellos de oro, frente inmaculada,
dulce boca jugosa,
brevísima nariz…

CAPITANO S. (*Acaricia obscenamente la prominente nariz de su máscara.*) ¡Será un eunuco!

ENAMORADA I. Sus bellos ojos son fresco caudal,
manantial cristalino,
donde se regocija mi reflejo,
Al verse tan divino.

(*Aparece el* LELIO *subido en un patinete.*)

CAPITANO S. (*Aparte.*) Este debe ser el novio de la Barbie.

ENAMORADA I. ¡Oh cielos, qué terror!
Presiento que mi amado
vendrá raudo a rondarme
a mi balcón. Y yo,
ahogada en confusión
no acierto a discernir
qué más podría hacer para agradarle.
(*Toma un instrumento medieval y tañéndolo, acompaña su canto.*)
Échame una mano, prima,
que viene mi novio a verme.
Estoy tan nerviosa que
no sé qué «vestío» ponerme.

E. LELIO   (*Mientras juega con su patinete, de un lado para otro.*) Soy Lelio, el bello, el gentil.

ENAMORADA I.   Amado Lelio, mira, estoy aquí.

E. LELIO   El poeta.

ENAMORADA I.   Deja ya de dar vueltas como una veleta.

E. LELIO   En el bello jardín
donde habita mi amada…

ENAMORADA I.   Soy yo, tu amada, soy Isabella.

E. LELIO   Sus labios son más dulces
que puro caramelo.

ENAMORADA I.   ¡Párate ya de una vez, no seas lelo!

E. LELIO   (*Coge el plumero que antes había dejado caer al suelo* ZANNI.) Toma esta flor, símbolo de mi amor.

ENAMORADA I.   Mira Lelio, me tienes muy enfadada. No me ha gustado tu entrada. Ese poema no me alaba lo suficiente. Y, para colmo, has venido a la hora equivocada: aún no son las siete y esa es la hora en que los rayos del sol dibujan con mayor dulzura y candor mi figura. Ahora bien, Si deseas reparar tu ofensa, soy toda oídos. Háblame, Lelio, dime, ¿qué soy para ti?

E. Lelio   Eres bella, graciosa, rica y afortunada, dulce Isabella.

Capitano S.   ¡Es rica!

E. Lelio   Pero yo soy más bello, porque lo soy. Que soy más gracioso, salta a la vista. Y soy más rico, puesto que mi padre lo es más que el tuyo.

Enamorada I.   ¡De eso nada, monada!

E. Lelio   Soy más afortunado que tú porque me ama la mujer más bella, graciosa y rica de la tierra. Aunque más afortunada eres tú, porque yo te amo más aún, siendo yo más bello, gracioso y afortunado que tú.

Enamorada I.   ¡Insolente! De todos es conocido que soy en todo más agraciada y mucho más rica que tú.

Capitano S.   ¡Es mucho más rica!

Enamorada I.   Has ofendido mi vanidad, has abusado de mi tiempo y de mi paciencia y, por ello, te impongo esta penitencia: no has de volver a detenerte jamás bajo mi balcón. (*Se va, cantando.*) *Bye bye mein lieber herr, farewell mein lieber herr, It was a fine affair, but now it's over.*

E. Lelio   Isabella, no me castigues así, no me hagas tal desprecio.

Atrapado me hallo
en un terrible asunto y me pregunto:
(*Cantando.*)
¿Quién me va a cuidar mis emociones?
¿Quién me va a pedir que nunca le
[abandone?

(*Sale de escena.*)

CAPITANO S.   (*Sale de su escondite.*) A este pringadillo, me lo fumo yo como un pitillo. Isabella, te voy a sacar hasta las entretelas.

Escena III de La comedia del arte
Dottore, Pantalone

Entra el DOTTORE *voceando su mercancía.*

DOTTORE   Señoras y señores, acérquense a comprar mi nuevo invento. Esta fórmula que ven aquí envasada es líquido prodigioso que le dará, caballero, la fuerza de un tremendo oso. Mágico ungüento que, gracias a su poder, logrará usted ver realizada su más recóndita ilusión, aquella que más le agrada. Si está ya en la ancianidad, señor, bebiendo de este licor, la juventud volverá certera a sonrojar sus mejillas, cuando vea aparecer una chiquilla. Si es usted fea, señora, únteselo en toda la piel y verá resplandecer su hermosura. Y si el problema de usted es la calvicie, únteselo, hágame caso, la pelambrera de sansón parecerá, comparada con su melena, la calavera de Picasso.

(*Aparece* PANTALONE *con un jamón atado al extremo de una caña de pescar.*)

PANTALONE   ¡Mi buen amigo Dottore! Bueno, bueno, bueno…

DOTTORE	Pantalone, ¿qué hay de bueno, si nadie viene a comprar?
PANTALONE	Una buena mañana para salir a pescar.
DOTTORE	No me diga que ese jamón lo sacó usted de la mar.
PANTALONE	Cierto que no, que este jamón no es la captura, sino el anzuelo.
DOTTORE	Si el anzuelo es un jamón, irá a pescar un tiburón…
PANTALONE	No voy a pescar peces sino marido.
DOTTORE	Señor Pantalone, ¿a su edad?
PANTALONE	No es para mí, sino para mi hija Isabella.
DOTTORE	Buena mujer.
PANTALONE	Ya está en edad de merecer.
DOTTORE	Se ha dado mucha prisa en crecer, aún la recuerdo sentándose en mis rodillas.
PANTALONE	Pues ahora ¡te prepara unas empanadillas!
DOTTORE	Válgame el cielo ¿qué has dicho?
PANTALONE	Te invito a casa a tomarnos un pincho y hablamos.

DOTTORE — Tengo tanta hambre que me comería hasta mis propias manos.

PANTALONE — Como te decía, es mejor que se case cuanto antes, no es bueno que ande por ahí a su libre albedrío.

DOTTORE — Muy ricos los cangrejos de río.

PANTALONE — Ni hablar de cangrejos de río. Lo que te digo es que mi hija Isabella...

DOTTORE — Isabella, Isabella, Envuelta en salsa bechamela.

(*Dibuja con sus manos el contorno de una mujer y se relame.*)

PANTALONE — (*Aparte.*) Parece que esto funciona, ya suspira con su nombre. (*Al* DOTTORE.) Ya está en edad de merecer y es a ti, mi viejo amigo Dottore, a quien he elegido como yerno.

DOTTORE — Con una hogaza de pan tierno.

PANTALONE — Y esto por varias razones.

DOTTORE — Cuatro kilos de tostones.

PANTALONE — En primer lugar, es sabido que a cualquier dama joven le conviene un marido maduro.

DOTTORE — Y también un huevo duro.

PANTALONE   Porque, con su experiencia, sabrá guiarla
             y disuadirla de hacer locuras de juventud.
             Y luego, está el tema de los hijitos.

DOTTORE   Un asado de cabritos.

PANTALONE   Es sabido que el marido se vuelve muy ce-
             loso...

DOTTORE   Sí, sí, yo soy muy goloso.

PANTALONE   Cuando nacen los bebés.

DOTTORE   Beber, beber, buen vino para beber.

PANTALONE   No soporta los cuidados y atenciones que
             la joven madre dispensa a su retoño.

DOTTORE   También licor de madroño.

PANTALONE   Y sale en busca de nuevas aventuras. Sin
             embargo, un marido maduro, sin un duro
             y más feo que picio no encontrará solaz en
             otras mozas y recurrirá siempre a la mujer
             propia, dotando al feliz abuelo de muchos
             nietos que llenarán la casa de alegría.

DOTTORE   Con un litro de sangría. (*Agarra el jamón.*)
             Trae esto para acá, que de aperitivo ser-
             virá al guiso de cebón que tengo en el fo-
             gón.

             (*Se va en dirección a su casa.*)

PANTALONE   Yo quiero tener muchos nietecitos para que el día de mañana trabajen en mi negocio y me hagan muy rico, más rico de lo que soy ¡el más rico del mundo! Cuando era joven dediqué mi tiempo a trabajar y solo tuve a Isabella y ahora que quiero tener más hijos ¡no se me levanta el pijo! La única posibilidad de rentabilizar la inversión que he hecho en Isabella es que sea ella quien llene mi hacienda con muchos nietecitos. Mano de obra de confianza. (*Coge un ábaco y se pone a contar.*) Pongamos por caso doscientos nietecitos que tengan dos manos cada uno, ya son cuatrocientas manos, que arrancando setecientas cebollas por día, son doscientas ochenta mil cebollas, a cinco maravedís por cebolla. (*Se entusiasma y corre hacia su casa para contárselo a su hija.*) ¡Isabella! ¡Isabella!

Escena IV de La comedia del arte
Enamorado Lelio, Zanni

>*Aparece* Lelio *muy borracho, haciendo eses con su patinete.*

E. Lelio   Alma sin piedad, igual que tu bello rostro me lleva a arder me conducirá también al fin de mis días. Solo tú, de mi vida, serás umbral y ocaso y así, al menos, de estos miembros, será féretro el seno que es tumba de mi corazón. Más, si vivo me rechazas ¿cómo me acogerás muerto? ¡Ay! que ni siquiera muerto, mísero de mí, me amas. Pues entonces me quieres, porque si no me quieres muerto es porque me quieres vivo. Si tú me amases, bella Isabella, solo amándome me traerías la muerte, luego, ¿por qué no me amas? ¡Porque me amas!

>*(Aparece* Zanni *disfrazado de vieja echadora de cartas.)*

Zanni   Brebajes para el amor, afeites, talismanes de la suerte, margaritas que te dicen si te quiere o no te quiere, la lectura del tarot. *(A* Lelio, *que casi la atropella con el patín.)* Muchacho, si bebes, no conduzcas.

E. LELIO   Necesito un remedio para salir de esta in-
             certidumbre.

ZANNI   Veo, veo.

E. LELIO   ¿Qué ves?

ZANNI   Una cosita.

E. LELIO   ¿Con qué letrita?

ZANNI   Mmmm cuestión de amores… veo que Isa-
             bella ama locamente. (*Cantando.*) Te estoy
             amando locamente…

E. LELIO   ¿Me ama a mí?

ZANNI   Lo que nos dice el Tarot es que ella amará
             al hombre que más generosidad sea capaz
             de demostrar.

E. LELIO   Yo soy el más generoso, le regalaré el sol,
             la luna, las estrellas…

ZANNI   No, no, no y no. Con eso no come, ni se
             viste, ni se adorna una mujer. Lo que tie-
             nes que hacer es demostrar tu generosidad
             en todo momento y, para empezar, has de
             ser generoso con esta viejecita que te ha
             hecho ver el remedio a tus males.

E. LELIO   (*Le entrega una bolsa con monedas.*) Aquí tienes una muestra de mi generosidad y mi fortuna.

ZANNI   ¡Ahora el Zanni ya no pasará más hambre! Me voy a la taberna, a comerme un pollo con repollo.

E. LELIO   Impostor, tú eres Zanni, el siervo de Pantalone. Devuélveme mi bolsa.

ZANNI   Santa Rita, Rita, Rita, lo que se da no se quita. Si te apiadaste de una viejecita, también debes apiadarte de un muerto, porque has de saber que, el que era mi amo, Pantalone, me ha matado de hambre y estoy muerto.

E. LELIO   Bueno, bueno, está bien. Si tanto aprecias esas monedas te las puedes quedar, pero tienes que hacerme un trabajito.

ZANNI   ¿Qué trabajo es ese?

E. LELIO   Quiero que espíes a tu señora, mi amada Isabella, y descubras quién es el dueño de su corazón. Si es a mí a quien ama, mi felicidad será tan grande que querré ver felices a todos cuantos me rodean y no escatimaré en recompensarte por ser mensajero de tanta alegría. Si por el contrario fuera a otro a quien ama Isabella, me suicidaré y dejaré toda mi fortuna al amigo que escuche y acoja mis últimos lamentos.

ZANNI   Desde este momento, el Zanni es tu siervo.

               (Lelio *sale de escena y* Zanni *ve llegar al* Capitano Spavento, *que se dirige a casa de* Pantalone.)

Capitano S.   (*Cantando.*) Dale a tu cuerpo alegría Isabella, que tu cuerpo es para darle alegría y cosas buenas.

Enamorada I.   (*Sale al balcón.*) Esa canción sí que me gusta, ese poema habla de mí.

Capitano S.   Isabella, mi tesoro
               oí tu nombre nombrar
               en la otra punta del globo
               y presto, me vine acá.
               Me rindo ante tu belleza
               y al mundo quiero mostrar
               tu rostro angelical.
               El talento que tú tienes
               ha de ser universal.
               No puede quedar aquí
               entre estas cuatro paredes
               ¡tú tienes que ser actriz!

Enamorada I.   ¿Actriz?

Capitano S.   Tú tienes que ser estrella.

Enamorada I.   Ah, estrella…

CAPITANO S.   De noche vendré a por ti. Llegaré con mis criados a recoger tu equipaje.

ENAMORADA I.   ¿Equipaje? ¿Y qué preparo? Si yo nunca he ido de viaje…

CAPITANO S.   Tus joyas, prendas de encaje, palmatorias, abalorios… y, sobre todo, el parné.

ENAMORADA I.   ¿El qué?

CAPITANO S.   Monedas, muchas monedas, que harán falta para el viaje.

(Se va el CAPITANO SPAVENTO *e* ISABELLA *queda despidiéndolo, embelesada, al ritmo de la canción* Money makes the world go round.*)*

ZANNI   ¡Albricias! Voy como un rayo a ver a Lelio para contarle que Isabella es de otro hombre, así se suicidará y toda su fortuna será para el Zanni.

(Sale.)

Escena V de La comedia del arte
Pantalone, Enamorada Isabella, Capitano Spavento

PANTALONE   (*Saliendo de su casa.*) Isabella, hija mía, quiero hablarte de un asunto muy importante ¡ha llegado la hora de casarte!

ENAMORADA I.   ¡Casarme! Padre, no pienso en otra cosa que en casarme.

PANTALONE   Quiero que tengas muchos hijitos, cientos de hijitos, millones de hijitos...

ENAMORADA I.   Millones de hijitos no, padre. Mi talle esbelto engrosará, mi pecho altivo se mustiará y mis oídos, acostumbrados a la dulce música de mis admiradores, ensordecerán por los gritos de este chiquillo que riñe con aquel y de aquel otro que riñe con el de más allá.

PANTALONE   ¿Pero no te das cuenta de que tú serás para esos chiquillos la mujer más guapa y admirable de la tierra?

ENAMORADA I.   Está bien, tendré hijitos, pero solo dos o tres, porque si tengo millones como vos queréis, no me quedará tiempo en la vida para ninguna otra cosa.

PANTALONE   Las mujeres no tienen otra cosa que hacer que tener hijos, cuidar a su padre y a su marido y tener más hijos. Y he pensado que, para este menester, ¿qué mejor marido que mi viejo amigo el Dottore?

ENAMORADA I.   ¡El Dottore no, padre! Yo me casaré con el apuesto Capitano Spavento, que ha conquistado mi corazón en un momento y me llevará por el mundo para ser actriz. (*Canta.*) Papá, quiero ser artista…

PANTALONE   ¡Actriz! ¡Mujer pública! ¡Pendón desorejado! vete a encerrar en tu cuarto, de dónde no saldrás, hasta que te vayas de esta casa, con el Dottore casada. (ISABELLA *entra en la casa.*) No consentiré que un aventurero extranjero te lleve por ahí a exhibirte como una mona, expuesta a las miradas lascivas del populacho. ¿Trabajar, mi única hija? ¡Nunca! Aquí se hará lo que yo diga, no consentiré ningún motín feminista a bordo de mi barco, mientras yo sea el patrón y lleve el timón bajo mi pantalón. ¡Zanni! ¡Zanni!

(*Reaparece* ISABELLA, *disfrazada de* ZANNA *para intentar escaparse. Lleva máscara y tiene un aspecto muy sexy.*)

ENAMORADA I.   ¿Qué se le ofrece, señor Pantalone?

PANTALONE   Tú no eres Zanni.

ENAMORADA I. Yo soy Zanna, su hermana. Mi pobre hermanito Zanni no ha podido venir porque está muy enfermo.

PANTALONE No importa, me alegro mucho del cambio. Tienes que ir inmediatamente a buscar a mi amigo el Dottore Y decirle que venga cuanto antes.

ENAMORADA I. ¿Al Dottore? ¿Ese grosero, filibustero y charlatán? Está bien, si usted lo ordena, señor Pantalone, iré sin perder un minuto.

PANTALONE Pensándolo bien, ¿para qué tanta prisa? Primero, necesito que me ayudes a limpiar una telaraña que me ha salido en mi… (*Señalando sus genitales.*) en mi cuarto.

ENAMORADA I. ¿Una telaraña? Ya sé, entre usted primero señor Pantalone y vaya preparando el trapillo para el polvillo. (*Entra* PANTALONE *en la casa. Aparte.*) Mi padre no me ha reconocido, con este disfraz podré fugarme con el Capitano Spavento sin ser descubierta.

CAPITANO S. (*Llega cantando, un poco bebido.*) Latino, tengo el calor de cien copas de vino…

ENAMORADA I. (*Emocionada.*) ¡Escucho a mi Capitano! Pero tranquila, Isabella, con este disfraz podrás comprobar si el extranjero te quiere por tu palmito o solo pretende los doblones de Pantalone.

CAPITANO S.   (*Admirado por la apariencia de* ISABELLA *y creyendo que es una sirvienta, intenta tocarla.*) Jama, jama. ¡Cómo mola tu pijama!

ENAMORADA I.   Capitano, Capitano. Aquí no me metas mano.

CAPITANO S.   Vayamos a la posada y alquilemos una cama. Acelérame unas monedas y un piquillo para el globillo.

ENAMORADA I.   Yo soy pobre Capitano, no tengo maravedís.

CAPITANO S.   ¡Qué fastidio!

ENAMORADA I.   ¿Ya no me quieres, entonces?

CAPITANO S.   Claro que sí, ven aquí. Tengo un negocio entre manos, hay una tal Isabella que vamos a desplumar y luego nos desfogamos.

ENAMORADA I.   (*Aparte.*) Ya se descubrió el engaño, he visto su identidad. Es un mangante, un truhan, un ruin. ¡Se va a enterar! Voy a darle un escarmiento, pues yo también tengo un plan. (*Al* CAPITANO.) Cuando venía para acá, pasé por casa de don Vito Pantalone y lo escuché, gritando a los cuatro vientos, que cortaría el pescuezo al Capitano que osara acercarse por allí. Será mejor que vaya yo a recoger a Isabella y que tú la esperes en el cementerio.

CAPITANO S.   ¿En el cementerio?

ENAMORADA I. Será en el único lugar donde estarás a salvo de los matones de Pantalone.

CAPITANO S. Pero ¿puedo esperar en la puerta?

ENAMORADA I. Dentro del cementerio es donde las muchachitas temerosas se abrazan a los hombres gallardos y así caen mejor en sus redes y engaños.

CAPITANO S. ¿Pero, dentro del todo?

ENAMORADA I. Dentro de la tumba es donde han de estar los fantasmas de tu calaña. (*El* CAPITANO *se va, muerto de miedo, mientras* ISABELLA *regresa a su casa.*)
No es otra cosa amor
que un amargo dolor
corriendo por las venas.
Yaga mortal, engaño
halagüeño, aburrida
desazón. Son sus frutos
desesperanza y llanto
temor e incertidumbre
suspicacias y celos.
Discordias y disputas,
desdenes y rechinos.
Querellas y disgustos.
Palidez y martirio
tristezas y suspiros,
desesperanza y muerte.

Escena VI de La comedia del arte
Pantalone, Dottore, Enamorada Isabella, Enamorado Lelio, Zanni

Sale PANTALONE *buscando a* ZANNA, *agitando una bayeta.*

PANTALONE   Zanna, Zanna, ya tengo preparado el trapillo para el polvillo.

DOTTORE   (*Entra.*) Pantalone, viejo amigo, el asado que me acabo de comer me ha hecho ver las cosas claras y el chocolate espeso. No niego que tener una buena mujer en casa es gran cosa, sobre todo para hacer buenos guisos. Pero con el tema de los hijitos hay un inconveniente…

PANTALONE   ¡Vaya por Dios! Cuántos problemas con el negocio de los nenes. Vamos a ver. ¿Qué inconveniente?

DOTTORE   Que muchos hijitos comen mucho y si se parecen al padre, como así ha de ser, usted me dirá… comprar mucha comida cuesta mucho dinero y, siendo de usted la feliz idea de aumentar en tantos miembros la progenie, justo es que sean sus arcas las que soporten el gasto que se genere del trato.

PANTALONE   (*Enfurecido, echa al* DOTTORE *de su casa, a patadas, mostrando una inusitada agilidad.*) ¡Pedirme dinero a mí, cuando hay tantos hombres dispuestos a todo por casar con Isabella! Pedigüeño, gandul, tragaldabas, malandrín, mal padre…

DOTTORE   (*Escapa todo lo rápido que puede.*) ¡A mí la guarnición! Digo. ¡A mí la guardia, que me matan!

PANTALONE   A mí sí que me vais a matar, me vais a arruinar a disgustos. (*Cae cómicamente al suelo agitando piernas y brazos, como una tortuga panza arriba.*) ¡Que me muero, que me muero! Isabella hija, que me muero.

ENAMORADA I.   (*Sale en auxilio de su padre.*) Padre, mueres por mi culpa, me arrepiento, no te desobedeceré jamás, haré lo que me digas, me casaré con quien quieras, con el Dottore, si hace falta.

PANTALONE   ¿Con el Dottore? ¡Jamás!

(*Se levanta, ágilmente.*)

ENAMORADA I.   ¡Qué alegría me das!

PANTALONE   Cásate con quien tú quieras, busca un novio de tu edad, ten los hijos que te plazca, cuídame y heredarás.

E. LELIO

(*Entra.*) Celos, cuarta furia del averno, que os nutrís tanto de la verdad como de la mentira. Maligna fiebre que me arranca la vida y me arrastra a la muerte.

ZANNI

(*Entra detrás de* LELIO, *cantando y bailando a ritmo de jota aragonesa.*)
Se va a suicidar, se va a suicidar,
al tonto de Lelio, lo voy a heredar…

ENAMORADA I.

Lelio, detente. Padre, este es el hombre con el que quiero casarme.

E. LELIO

¡Ella me ama!

ZANNI

Tengo la suerte de un marrano. ¿No se iba esta con el Capitano?

E. LELIO

Zanni préstame tu *batoccio.*

ZANNI

(ZANNI *da a* LELIO *su arma de madera.*) Aquí tienes, mi amo.

E. LELIO

(*Le atiza con el batoccio.*) Embustero, me has engañado, mal sirviente.

ENAMORADA I.

Lelio, detente, no azotes al pobre Zanni, que ha de servirnos para aplicar al Capitano el castigo que se tiene merecido.

PANTALONE

Dinos cuál.

ZANNI

¿Qué tengo que hacer?

ENAMORADA I.   Disfrazarte de fantasma e ir al cementerio para asustar al fanfarrón.

ZANNI   ¿Al cementerio?

ENAMORADA I.   Allí es donde me espera para engañarme y robarme.

PANTALONE   ¿Robarme?

E. LELIO   Zanni, corre a hacer lo que tu ama te dice, que a tu regreso sabré recompensarte.

PANTALONE   Me has dado una gran idea, me disfrazaré yo también de fantasma e iré a casa del Dottore para hacerle creer que ha muerto de una indigestión y que la única forma de volver a la vida y poder seguir zampando es regalar a Pantalone todas las viandas y los caldos que tenga en su despensa. (*Aparte.*) Así me saldrá mucho mejor de precio el convite por las bodas de Isabella. Caso a la nena y ahorro. Aquí os dejo tortolitos, contad con mi bendición.

(*Quedan solos los dos enamorados.*)

E. LELIO   Isabella, si me amas ¿por qué me has castigado?

ENAMORADA I.   Porque el amor no puede ser siempre cortés, a veces son necesarios los desdenes y las iras, pero luego, el dulce sabe mejor.

E. LELIO   Es sabido, que los cuerpos celestes unos son imperantes y otros obedientes, yo os amo y, en lugar de ser amado por vos, soy despreciado. Así se conoce que mi signo es obediente al vuestro, que es imperante.

ENAMORADA I.   Apuesto Lelio no te disgustes por ello. También se sabe de las esferas que, al estar en continuo movimiento, los signos que primero eran dominantes se tornarán obedientes.

E. LELIO   Entonces, yo no dejaré de amaros y serviros hasta que no supere la contrariedad de la estrella que es mi enemiga.

ENAMORADA I.   Si así fuera, cuando los vuestros sean dominantes serán los míos obedientes y, amando yo, seré por vos despreciada y despertarán en vos deseos de venganza.

E. LELIO   Quien tiene el hábito de amar no puede odiar, no tendré jamás memoria de las ofensas y, por tanto, no podré vengarme de ellas.

ENAMORADA I.   Soy vuestra, amado Lelio, hace tiempo que lo soy, si me he mostrado contraria ha sido para haceros dar prueba de vuestra firmeza.

E. LELIO   Prueba demasiado peligrosa… pero la acepto, porque en la consideración del peligro está la seguridad del amor.

*(Termina la comedia con los dos enamora-
dos bailando una danza renacentista.)*

Acto III
Escena I: Contrato verbal
Isabella, Giambattista Andreini, Francesco Andreini, Duque,
Giulio Pasquati

> *Llega el* Duque *y aplaude a los bailarines,*
> *que están acabando su escena.*

DUQUE   Bravo, bravo y bravo.

ISABELLA A.   Excelencia.

DUQUE   Luces aún más bella que la última vez que te vi.

ISABELLA A.   Han pasado algunos años.

DUQUE   Tú y yo somos como el buen vino, que al madurar gana en aroma y poder de seducción. Isabella, no pierdas más el tiempo en esta plaza halagando los oídos groseros con dulces melodías que no alcanzan a comprender.

FRANCESCO A.   (*Entrando.*) Excelencia, nos honra con su presencia.

DUQUE   Francesco, amigo, eres el más grande de los cómicos y tu compañía, Gelosi, la más famosa. Pasaba por aquí y, al escucharos, he pensado que sería un placer para los invitados a mi onomástica, que animarais la velada en mi palacio.

ISABELLA A. Vamos de camino.

DUQUE No os pesará deteneros, que la generosidad del pago velará por vosotros hasta que lleguéis a Italia. Toma estas monedas en adelanto, para los preparativos de la representación.

(*Lanza una bolsa a* FRANCESCO *y se va.*)

FRANCESCO A. (*Le lanza la bolsa a* GIAMBATTISTA.) Hijo mío, ve a gastarlo en jabones y afeites que hemos de estar relucientes para codearnos con la nobleza.

GIAMBATTISTA Sí, padre.

(*Sale de escena.*)

FRANCESCO A. Giuglio, ven a ayudarme, que tenemos faena preparando el atrezzo.

ISABELLA A. Francesco, no deberíamos ir.

FRANCESCO A. Mujer, estamos de suerte, ya sabes que hay muchos señores que están tomando a su servicio compañías de cómicos y puede que la fortuna nos haya puesto a los pies esta oportunidad. Tal vez, este Duque o algún otro noble que nos vea en su palacio nos pueda tomar a su servicio y así nos ahorraremos el ir de acá para allá. No te fatigues, que tienes que brillar en escena.

ISABELLA A.   Quiera Dios que no nos vaya a pesar.

FRANCESCO A.   Vamos, Pasquati, ¿a qué esperas?

GIULIO   (*Entrando.*) Francesco, he decidido que me retiro ya de la vida bohemia y espero que me dé usted su bendición.

FRANCESCO A.   Giulio, si nos queda lo mejor.

GIULIO   ¡Estoy harto de tirar de la carreta!

FRANCESCO A.   Nuestra vida va a cambiar, lo presiento. La comedia italiana está calando bien en toda Europa. Ya ves que tu personaje, el avaro mercader, gusta mucho aquí, en Francia.

GIULIO   Ya dejé con pesar mi tierra la última vez que estuvimos. Quiero ser mercader de los que sacan brillo a los metales, a la puerta de su casa, no de los que van y vienen de las Indias a Venecia.

FRANCESCO A.   No reniegues de tu calaña, que tú solo eres mercader en las tablas.

GIULIO   Viviré pues de esa flaqueza, pero a la som-
                bra de mis paisanos. Ya tengo aventuras
                de sobra para contar en la plaza. Yo no
                busco la fama, que ya he comprobado que
                a las cabezas no les sienta bien el sol de
                mediodía.

FRANCESCO A.   No temas al astro rey, que los artistas somos
                el sol que ilumina el rostro del público, con
                la emoción que queremos pintarle. Tenemos
                en nuestra mano entristecer o alegrar a ricos
                y a pobres, a humildes y a nobles.

GIULIO   Se equivoca maestro, no somos sino el or-
                namento que utiliza el poderoso. Ellos son
                quienes encienden y apagan nuestra luz a
                su antojo. No movemos ningún hilo noso-
                tros. De un tiempo a esta parte, veo que es-
                tamos a merced de que aquel o este gran
                señor juzgue que nuestro quehacer le vaya
                bien al color del traje con el que pretende
                impresionar a los que le rinden tributo. Yo
                estoy viejo ya para vivir de ilusiones, que
                he visto tiempos mejores y las fuerzas no me
                dan ya ni siquiera para desear que volvieran.

FRANCESCO A.   Amigo, ve con dios, ya veo que tienes bien
                echada tu suerte. El filo de la luna, después
                de la función, partirá nuestros caminos.

Escena II: Del vos y del tú
Duque, Isabella, Giambattista Andreini, Francesco Andreini

> *La escena representa un salón del palacio del*
> Duque, *adornado con grandes cuadros rena-*
> *centistas, entre ellos Tarquino y Lucrecia de*
> *Tiziano y Venus, Cupido, la Lujuria y el Tiem-*
> *po de Bronzino. Después de unos aplausos,*
> *se oyen brindis y palabras de alabanza ha-*
> *cia el trabajo que han realizado los cómicos.*
> *Entran* Isabella Andreini *y* Giambattista
> Andreini, *quienes admiran las pinturas, con*
> *un fondo de música palaciega. Luego entra*
> *el* Duque.

DUQUE   La diosa Venus y Cupido, el niño alado.
Madre e hijo, una pareja perfecta de enamorados. Isabella, algún día te regalaré ese
cuadro.

GIAMBATTISTA   Es arte italiano.

DUQUE   Admiro muchas de las cosas que vienen de
vuestra tierra.

FRANCESCO A.   (*Entra.*) Siempre os ha distinguido vuestro
amor por las obras de arte y el empeño de
que se difundan y deleiten a las gentes.

DUQUE — Francesco, no me trates de vos, que aún no he sido tan hostil para ti… En efecto mis aposentos y todo mi ducado están llenos de arte.

FRANCESCO A. — Es un privilegio de los poderosos, colmar las ansias de conocimiento que tienen los hombres de nuestro tiempo.

DUQUE — Y un deber que asumo con placer. No hace mucho, he usado la imprenta para reproducir un mapa de mis dominios y obsequiar con él a todos los que me sirven y me visitan. No olvidéis recoger un ejemplar, antes de marchar.

FRANCESCO A. — La imprenta es un gran avance, que está dotando al pueblo de sabiduría y confianza. Ya que veo que simpatizas con este genial invento, me atreveré a preguntar si has pensado alguna vez mandar imprimir, bajo tu sello, los libros que más te agradan.

DUQUE — ¿Libros?

FRANCESCO A. — Así podrás impresionar a tus ilustres visitantes, no solo con versos declamados como los que esta misma noche han estado alabando, sino hacer que en la distancia sigan recordando tu generosidad y sensibilidad hacia el arte.

DUQUE   ¿Quieres decir, Francesco, que los libros editados con los versos de Isabella serían buenos pregoneros de mi grandeza?

FRANCESCO A.   Si es de tu gusto el estilo y el tema...

DUQUE   Me agrada más oírselos decir a ella. ¿Para qué imprimir las palabras que se han compuesto para ser dichas magistralmente sobre las tablas? Mientras te mantengas al margen de la imprenta podrás huir mejor de la censura.

GIAMBATTISTA   Las palabras de Isabella son inmaculadas.

FRANCESCO A.   Y si no te parece adecuado imprimir el teatro, recuerda que la obra de Isabella abarca también otros géneros. Hace pocos años se han publicado sus poesías y aún están inéditas las cartas y...

DUQUE   ¿No crees que se tendrán que conocer y divulgar primero, en nuestras jóvenes lenguas, las obras de aquellos antepasados que nos dejaron su sabiduría escrita en latín? ¿De qué sirve fijar los pensamientos de un hombre o una mujer que aún conservan la vida sí, esta sola condición, nos obliga a cambiar de continuo nuestra disposición hacia las cosas?

GIAMBATTISTA   Pero es bueno que cada edad del ser humano guarde la memoria de sus cuitas, así otros, transitando el mismo trance, podrán aliviar sus dolencias del alma reviviendo lo que la experiencia del autor aconteció.

DUQUE   Es cierto que sentirse acompañado mitiga las angustias del ser humano.

GIAMBATTISTA   El amor en el hombre mitiga la amargura y torna más llevaderas las preocupaciones del mundo, dice Isabella Andreini, en una de sus composiciones.

DUQUE   Pensamos igual.

GIAMBATTISTA   ¿Y que es el pensar sino el espléndido padre de la palabra?

FRANCESCO A.   Y la palabra, el regalo más preciado que ha recibido la humanidad, puesto que nos permite mantenernos en comunión los unos con los otros.

GIAMBATTISTA   Quisiera oír lo que opinas, querida madre, miembro de la honorable Academia literaria de los Intenti, pues de todos los presentes, eres la más docta en estas leyes.

ISABELLA A.   Mi humilde sentido me indica que usamos la palabra para expresar lo que produce nuestra mente y, con ella, damos a entender lo que nos une y nos separa de otras gentes. Si bien, algunas veces, también sirve de disfraz para ocultar nuestro verdadero sentir y razonar, con el insano deseo de lograr lo que agrada a otras pulsiones menos elevadas.

DUQUE Llegará un día en que las mujeres se conviertan en dueñas y señoras de todo cuanto los hombres llevamos construyendo, a lo largo de tantos siglos de historia.

ISABELLA A. ¿Y la vuestra, señor? No he tenido el placer de saludarla esta noche.

DUQUE En su cama, como siempre, con dolor de cabeza. Pasa la mayor parte de su vida indispuesta. Pero no hablemos de pesares ¿a dónde encaminareis ahora vuestros próximos pasos, después de haber triunfado en la corte de nuestro rey, Enrique IV? ¿Tal vez a la corte del joven Felipe III, en España?

ISABELLA A. No lo descartamos.

GIAMBATTISTA Allí se está fraguando un movimiento teatral muy importante, enriqueciendo nuestra comedia con los versos de grandes talentos como Lope de Vega, Cervantes…

DUQUE Cada vez se os conoce más fuera de las fronteras de Italia.

FRANCESCO A. Corren buenos tiempos para el arte de Talía.

GIAMBATTISTA   Están surgiendo en toda Europa grandes creadores tocados por la chispa sagrada.

DUQUE   Cierto joven de Inglaterra está alcanzando gran fama escribiendo personajes que, si bien se parecen mucho a vuestras máscaras son ¿cómo diría yo? Más humanos, más complejos, más reales.

GIAMBATTISTA   ¿Se refiere a William Shakespeare?

DUQUE   Al mismo. Ha crecido al abrigo de la reina Isabel I, gran amiga de las artes y las letras, que domina a la perfección varias lenguas.

GIAMBATTISTA   Dominaba la dama a la que se refiere ha muerto a la edad de setenta años.

DUQUE   Los cómicos ambulantes siempre sois una fuente de sorpresas.

GIAMBATTISTA   Ahora reina Jacobo I, que ha tomado bajo su protección la compañía del autor del que habla.

DUQUE   Autor y gran maestro en el arte de recitar sus propios versos.

FRANCESCO A.   ¿Es hombre?

DUQUE   Hombre y diestro director de la compañía de cómicos más grande de todos los tiempos.

FRANCESCO A.   Tiene mérito triunfar siendo hombre, en un mundo regido y dominado por los hombres. Pero tenemos que estimar como raro caso, sin precedente en la historia de la humanidad, el hacer de esta dama que nos acompaña, que ha hecho famosa en toda Europa a la Enamorada Toscana, con los versos que ella misma compone. Y añade a este mérito el de dominar también el arte de Babel.

DUQUE   (*Se acerca morbosamente a* ISABELLA.) No pongo en duda su arte y su valía.

ISABELLA A.   (*Retirándose.*) Se hace tarde, la aurora está llamando a las puertas de Cintia y debiéramos partir.

DUQUE   Aún falta mucho para el alba.

GIAMBATTISTA   Hay que aprovechar las horas del rocío, que el día es muy largo en esta época y su calor insoportable, cuando se va de camino.

FRANCESCO A.   Hijo, ve a avisar a los demás de que nos vamos.

DUQUE   Francesco, ve también tú delante, que yo voy más despacio a despediros, no quisiera entreteneros más de lo debido por esta dolencia mía de la pierna.

FRANCESCO A.   Salgo entonces, con permiso.

(*Salen* FRANCESCO y GIAMBATTISTA ANDREINI.)

ISABELLA A.   Excelencia.

(ISABELLA *hace una reverencia al* DUQUE *e inicia el movimiento de salir, que es interrumpido por el* DUQUE.)

DUQUE   (*Acosándola.*) Graciosa Isabella, dígnate servirle de bastón a este fiel admirador tuyo, que no sueña sino con la hora de llegar a rozarte, tan siquiera, un hilo del vestido.

ISABELLA A.   Me halaga vuestra excelencia con su admiración, mas la vanidad que sin duda se me enciende no es suficiente para convencer a mi alma vergonzosa.

DUQUE   Isabella, *bella di corpo e bellísima d'anima.* Aún recuerdo, de memoria, aquellos versos tuyos que decían: la tierra, el agua, el sol, la luna y las estrellas, no fueron creados para ellos, sino para que fueran disfrute y satisfacción de las gentes. Y añadiré yo: la belleza de la mujer no ha sido creada para sí, sino para que el hombre la goce a su placer.

ISABELLA A.   ¿Queréis decir, que anheláis gozar de mi belleza?

DUQUE   Es cierto, pues te amo fervientemente.

ISABELLA A.   Ahora bien, se divide la belleza en tres par-
               tes, belleza del cuerpo, del alma y de la
               voz. Y se gozan con la vista, la mente y el
               oído. Vos, me veis si me oís, por lo que a
               la mente no le es vedado su placer.

DUQUE   Cada vez que pudiera, a mi placer, tocarte
               y besarte, me llamaría feliz, pero no del
               modo que dices.

ISABELLA A.   No ama a aquel que no desea otra cosa
               que sus contentos y sus goces y, ya que
               veo que así es como me amáis, os diré que
               no me amáis a mí, sino a vos mismo. Así
               que daos vos mismo el placer de ese amor
               que os tenéis.

DUQUE   ¿Qué más pruebas quieres? En escena di-
               ces, Isabella, que es signo de amor un ar-
               der sin consumirse jamás y ya hace muchos
               años que me ocurre esto al contemplarte.

ISABELLA A.   Disculpadme excelencia, Pero no puedo
               corresponderos.

DUQUE   Te amo Isabella, siempre pongo a tu dispo-
               sición mi bolsa y mi palacio, pero yo tam-
               bién necesito amor, gozar de tu cuerpo.

               (*El* DUQUE *incrementa el acoso e* ISABELLA *se
               revuelve.*)

ISABELLA A. Mi cuerpo no es para vos, que mi corazón tiene otro dueño.

DUQUE No finjas ser virtuosa, no alargues más esta agonía, que ya no gozas de la lozanía que te permita mantenerme mucho más tiempo detrás de tu estela.

(*Entra* FRANCESCO, *alarmado Por los gritos de* ISABELLA, *empuñando su espada. El* DUQUE *desenvaina también la suya y reta a* FRANCESCO, *sujetando como rehén a* ISABELLA.)

FRANCESCO A. ¡Deteneos!

DUQUE Rata inmunda, que os arrastráis para conseguir un poco de fama, Me ocuparé de que no quede de vos ni el rastro de la memoria sobre los siglos de Gea.

(*Después de algunos movimientos de esgrima,* FRANCESCO *consigue desarmar al* DUQUE *e intenta atraer hacia sí a su mujer. Forcejean. Entra* GIAMBATTISTA *y corre hacia su madre, para socorrerla. Parece que, entre los tres hombres, van a desmembrar a* ISABELLA.)

Escena III: Segunda oportunidad
Isabel, Antonio, Luis, Juanón, Alonso

ISABEL
¡Por favor, tened cuidado, que estoy emba-
razada! (*Siguen tirando de ella con fuerza.*)
¡Soltadme ya!

ANTONIO
No sé qué texto sigue ahora, no me suena
que fuera eso lo que decía Isabella en este
momento.

LUIS
Con lo bien que iba ¿por qué tenéis que
cortar?

ISABEL
¡Es que me estáis haciendo daño en la tri-
pa y estoy embarazada!

LUIS
Claro cariño, esa es la intención de esta escena. El público sabe que estás embarazada. Así, cuando vea que pierdes el hijo en
el camino, entiende que ha sido consecuen-
cia de esta situación.

ISABEL
¡Pero es que yo no quiero perder el hijo!

LUIS
A ver, Isabel, ocurrió lo que ocurrió. Has
investigado, lo has escrito, Isabella murió a los cuarenta y dos años, por las com-
plicaciones del embarazo, en Lyon, cuando regresaba de actuar ante la corte de

	Francia, en medio de la gira, haciendo su trabajo.
ISABEL	Pues yo no quiero abortar haciendo este trabajo.
JUANÓN	(*Abraza a* ISABEL.) Me alegro muchísimo de que ya tengas clara esta decisión.
LUIS	¿Que tú estás… embarazada?
ISABEL	Y tú también.
ALONSO	(*Entra en escena.*) ¡Enhorabuena!
LUIS	¿Enhorabuena? ¿Tú sabes la que se me viene encima?
ALONSO	Pues claro que lo sé, yo también soy padre.
LUIS	Esto… escucha cariño ¿no podríamos tener el hijo en otro momento?
ISABEL	Es que es ahora cuando estoy embarazada.
LUIS	Ya, pero ahora tenemos que trabajar duro para sacar esta producción adelante y un hijo necesita mucho tiempo, energía, dinero…
ISABEL	Oh, de acuerdo, me has convencido, entonces lo tendré cuando me jubile.

ANTONIO   Pues mis viejos, desde que se han jubilado, están haciendo cantidad de cosas que antes no podían hacer nunca, porque no tenían tiempo.

LUIS   Bueno, la gente tiene hijos y no pasa nada, no se acaba el mundo por eso.

ANTONIO   Bueno, más bien es por eso por lo que no se acaba el mundo.

ALONSO   ¡Pues claro que la gente tiene hijos! En mi pueblo, cuando era pequeño, tenía una vecina que cada año paría un chiquillo y al poco tiempo lo enterraba.

ANTONIO   ¡Pues vaya ánimos que estás dando! Luis, Isabel, os acompaño en el sentimiento.

ALONSO   Pero ahora ya no ocurre eso, las cosas están muy avanzadas.

LUIS   Mi vida, ¿por qué no me lo has dicho antes?

ISABEL   No sabía cómo te lo ibas a tomar.

LUIS   Tener un hijo contigo es lo más grande.

ANTONIO   Bueno señores, se ha hecho tarde, me tengo que ir a trabajar al bar.

ALONSO   ¿Qué dices? Si mañana es el estreno…

ANTONIO   No lo he podido cambiar, tenía que elegir
                 entre ir hoy o ir mañana.

JUANÓN   Hay que repasar por lo menos el final de la
                 obra, no lo habéis ensayado nunca con el
                 nuevo Francesco.

ANTONIO   Pues venga vamos con ello, rapidito, ¡va-
                 mos, que no nos vamos!

JUANÓN   Lo miro yo desde fuera, que no salgo en
                 esta escena.

                 (*Baja al patio de butacas.*)

LUIS   Dime la verdad Juanón, tú que eres su ami-
                 go, Isabel no está embarazada… me lo dice
                 para que me meta en el papel de Frances-
                 co ¿no?

JUANÓN   Luis, Luis Francisco, no te resistas.

Escena VI: A eterna fama
Isabella, Giambattista Andreini, Francesco Andreini, Doctor

ISABELLA ANDREINI *agoniza en la carreta, bajo la luna llena.*

ISABELLA A   ¡Francesco!

GIAMBATTISTA   ¡Francesco! ¡Francesco!

ISABELLA A.   El mundo sin amor sería una prisión oscura y tenebrosa, cuanto hay en mí de bueno y de gentil es en virtud de su bondad.

                 (*Entra* FRANCESCO, *sofocado, arrastrando de la mano al* DOCTOR.)

FRANCESCO A. Apúrese Doctor.

ISABELLA A.   Bendigo mil veces aquel día feliz que Amor se dignó herirme el corazón haciéndome tu amante y tu esposa, que no me sea negado amarte y servirte también tras la muerte como voluntariamente quiero hacer.

                 (ISABELLA *y* FRANCESCO *se abrazan y ella muere. El* DOCTOR *reconoce el pulso en su muñeca y dictamina.*)

DOCTOR	No es otra cosa el vivir que encaminarse a la muerte y el morir a tiempo un don del cielo.
FRANCESCO A.	¡Vivir es ya, para mí, el flagelo de estar viviendo demasiado!
DOCTOR	Vuelve los ojos del pensamiento a todo aquello que el gran giro de la tierra encierra en sí y verás que las fauces letales del tiempo y de la muerte siegan universalmente cada estambre de vida, como quien siega los vastos prados de toda suerte de hierbas. Y no verás por ello la cosecha humana amedrentada, sino viviendo los más altivos tiempos. Has de aceptar que la fortuna, con el hombre, no guarda fidelidad. Entre ella y él no hay nunca paz segura. No se puede permanecer demasiado tiempo en la felicidad de la fortuna puesto que, en el culmen de sus favores, o ella mutándose nos deja o nosotros, muriendo, la dejamos a ella.
GIAMBATTISTA	La fortuna es como el cristal, tanto más frágil cuanto más resplandece.
DOCTOR	(*Saliendo de escena.*) Tanto es mísero el hombre cuanto en la fortuna confía. Ella tiene alas en las manos y los pies, no camina sino vuela y, volando, dona y retira. Cuanto más grandes son sus favores, tanto más se ha de temer su desgracia.

FRANCESCO A.   ¡Tu muerte me roba todas las esperanzas y me deja todos los temores!

GIAMBATTISTA   La fortuna no vence sino a los apocados. Si de prudencia y valor armamos nuestro corazón, esta mutable, constante solo en su inconstancia, quedará superada y vencida.

FRANCESCO A.   ¡Mujer que me dio el cielo y el cielo me arranca para que las espinas del dolor contrapesen las rosas del placer! ¿Por qué no soy yo urna de tu descanso? ¿O divino espíritu cuyo séquito se convierta en sombra mía? ¿Por qué no tengo para llorar tu temprana muerte tantos ojos cuantas estrellas hay en el octavo cielo? ¿Cómo pueden solo dos ojos llorar miles y miles de virtudes?

GIAMBATTISTA   Padre, un peso es más ligero entre dos, que no en uno solo.

FRANCESCO A.   Noche tenebrosa, oscuro principio de mi eterno dolor y fin de mis pensamientos alegres. Noche infausta que, cerrando los ojos de mi amada en eterno sueño, abres los míos al perpetuo llanto. Me precipitas de un cielo de felicidad a un abismo de desgracias. Oh noche, no noche sino muerte. Oh muerte, no muerte sino infierno.

GIAMBATTISTA   Nutrir el mal en el corazón no es otra cosa que un querer desesperadamente morir.

FRANCESCO A.   Ruega a Dios que me consuele permitiendo cuanto antes que me acoja el mismo sepulcro que a mi adorada esposa, que sean mis cenizas unidas a las suyas y me conceda el tener por consorte en el cielo el alma de aquella que amé en la tierra sobre todas las cosas mortales.

GIAMBATTISTA   Padre, no desesperes de esa manera. Ella nos ha dado ejemplo de vida y de paciencia. Ninguna cosa es mejor para vencer y ahuyentar la adversidad que la paciencia. Confía en que la fortuna, al terminar su giro, vuelva a nosotros más sonriente y fecunda.

FRANCESCO A.   No te parezca extraño que ruegue mi muerte, pues no es un ruego cruel sino piadoso el desear que este corazón herido de muerte sea por la muerte consolado. Y entretanto el cielo se digne concederme la gracia que le pido, no tendré otra luz que la de hacer perdurar su recuerdo. ¡Isabella Andreini, viviré para inmortalizar tu obra! Haré escribir sobre una losa, tumba de mi corazón: Padua mil quinientos sesenta y dos, Lyon mil seiscientos cuatro, aquí yace una mujer dotada de gran virtud, amiga de las musas y cumbre de las artes escénicas, cuya resurrección se espera. Recibe con agrado el amor de éste, que no vive sino para darte vida en su memoria. Mi fe no será minorada por los años, mi constancia y mi amor serán igual a través de los siglos, hacia los que partirán, junto a tu inmortalidad.

GIAMBATTISTA   Isabella, decoro de la escena y ornamento de los teatros, has ilustrado nuestra profesión de tal modo que, mientras dure el mundo, mientras sean los siglos, mientras tengan vida el tiempo y el espacio, cada voz, cada lengua, cada grito, hará resonar el célebre nombre de Isabella.

(JUANÓN *aplaude, se levanta del lugar que ocupaba en el patio de butacas y se dirige al escenario donde los actores se abrazan, emocionados.*)

Fin.

Esta primera edición de *La eterna enamorada*,
de Valle Hidalgo, terminó de imprimirse
en septiembre de dos mil veinticinco,
en Madrid.